SEM MEDO
de dirigir

Regina Pastore

SEM MEDO
de dirigir

São Paulo, 2008

Copyright © 2008 Alaúde Editorial Ltda.
Todos os direitos reservados. Nenhuma parte deste livro poderá ser reproduzida, de forma alguma, sem a permissão formal por escrito da editora e do autor, exceto as citações incorporadas em artigos de crítica ou resenhas.

1ª edição em abril de 2008 - Impresso no Brasil

Publisher/Editor: Antonio Cestaro
Editora: Alessandra J. Gelman Ruiz
Capa: Walter Cesar Godoy
Diagramação: Vivian Vigar
Preparação de texto: Marise de Andrade Goulart
Revisão: Marcela Roncalli
Impressão e Acabamento: EGB - Editora Gráfica Bernardi

Dados Internacionais de Catalogação na Publicação (CIP)
(Câmara Brasileira do Livro, SP, Brasil)

Pastore, Regina
    Sem medo de dirigir / Regina Pastore. – São Paulo : Alaúde Editorial, 2008.

Bibliografia.

1. Direção de automóveis 2. Fobias 3. Medo
I. Título.

08-01054   CDD-152.46

Índices para catálogo sistemático:
1. Direção de carros : Medo : Psicologia   152.46
2. Medo de dirigir : Psicologia   152.46

ISBN 978-85-98497-65-5

Todos os direitos desta edição são reservados à
Alaúde Editorial Ltda. © 2008
Rua Hildebrando Thomaz de Carvalho, 60
CEP 04012-120 - São Paulo - SP - Brasil
Fone: (11) 5572-9474 / 5579-6757
www.alaude.com.br
alaude@alaude.com.br

Sumário

Introdução 7

Capítulo 1 - Entender para superar 13
A origem do medo de dirigir 15
Todos podem aprender a dirigir 19
O que é um trauma? 23
Sofrimento e aprendizado 26
As várias formas de expressar emoções 30
A falta de autoconfiança 38
As fases do desenvolvimento humano 45
Perigo e ansiedade 48
Viver dá medo? 54
Sanidade e loucura 63
A culpa 68
Não somos uma só pessoa 71
Entrevista: Alessandra Maria de Oliveira Brito, instrutora de trânsito 74
Entrevista: Cláudio Rodriguez, professor de Educação Física 77

Capítulo 2 - A sociedade em que vivemos 79
Uma rotina ansiosa 81
Um espaço para a reflexão 84
Somos onipotentes? 89
O significado das coisas e das pessoas 91
A busca de um sentido 96
A necessidade de poder 101
A mulher na sociedade 105
Entrevista: Rita de Cássia Macieira, psicóloga e professora 113
Entrevista: Arthur Tufolo, psicólogo clínico 116

Capítulo 3 - Vencendo o medo de dirigir 119
Tornando-se motorista nas cidades grandes 121
Superando os momentos difíceis 125
O trânsito no Brasil 127
Escolas para medo de dirigir 129
É saudável ter um pouco de medo 131
Estágios para aprender a dirigir 134
Psicanálise e terapia 137
Dicas para não ter medo de dirigir 140
Entrevista: Luís Paulo Neves, filósofo clínico e professor de filosofia 145
Entrevista: Roberto Antonio Aniche, médico do trabalho e ortopedista 148
Entrevista: Luciana Marques de Souza Ferraz, cientista social 150

Capítulo 4 - A yoga e a superação do medo de dirigir 153
A importância de relaxar 155
Calma e tranqüilidade 157
A importância de sentir 160
O que é yoga 162
Benefícios da yoga 164
Práticas para auxiliar a vencer o medo 165
Exercícios de Preparação 166
Exercícios de Mentalização 167
Exercícios de Relaxamento 169

Referências bibliográficas 171

INTRODUÇÃO

Introdução

O medo é uma sensação incômoda e desagradável, que todos os seres humanos sentem. O medo é um limite e uma proteção importante em várias situações na vida. O ser humano totalmente destemido não é saudável emocionalmente.

Em geral, as situações desconhecidas provocam medo como, por exemplo, falar em público pela primeira vez, dirigir um automóvel pela primeira vez, escalar uma montanha pela primeira vez, entrar em uma piscina funda pela primeira vez, etc.

O medo funciona como um alerta diante de determinada situação nova ou perigosa. Ele representa a cautela, o cuidado. Tem como função orientar o homem para que ele perceba que não pode tudo, que não é onipotente, e que nem tudo é possível, pois há limites físicos e emocionais. Quando o limite é ultrapassado pela sensação de onipotência, algo perigoso pode acontecer; é a sensação de que se foi longe demais.

Porém, como o ser humano sabe de seus próprios limites sem ultrapassá-los? Evidentemente, ele não vive num mundo fechado e com plena consciência de seus limites sem a possibilidade de experimentação. As experiências desafiadoras costumam ser fundamentais e significativas na vida. O desafio envolve riscos, e o risco, por sua vez, gera medo. Mas é somente se arriscando que o homem terá consciência de seus limites.

Arriscar-se envolve aventura e abertura ao novo. Não existe experiência de aventura inteiramente perfeita e correta, em que nada de errado aconteça. Portanto, o erro faz parte da vida. Quem se arrisca na vida em qualquer situação vai errar. Acertará também, mas errará repetidamente.

Nos treinamentos esportivos, a repetição dos exercícios ocorre inúmeras vezes, e inúmeras vezes se erra. O mesmo ocorre ao se dirigir um automóvel.

As pessoas muito ansiosas sentem muito medo; em alguns momentos, um medo desproporcional. Sentem muito medo de errar, demonstrando aspectos rígidos de comportamento, um superego duro e uma tendência ao perfeccionismo. Grande parte da energia dessas pessoas está voltada para as cobranças internas.

O medo de errar bloqueia a possibilidade do desafio, já que, para enfrentá-lo, é preciso ter disponibilidade para errar. Ao errar, a sensação é desagradável, e essa sensação pode ser insuportável a ponto de desencadear um processo de desmotivação. Pode ocorrer a desistência de um desafio que estava apenas começando. Ao sentir-se frágil e com sentimento de inferioridade diante de várias tentativas e erros, a estrutura psíquica poderá frear a experiência.

Contar com profissionais sensíveis e experientes em momentos de dificuldade pode ajudar a reverter uma situação desfavorável. Um profissional competente contribuirá para estimular o aluno, e o incentivará a superar etapas. No aprendizado, pode-se estabelecer um começo, um meio e um fim. É comum o aluno não conseguir ultrapassar uma etapa e desistir. Com isso, ele mostra o seu limite, que também deve ser respeitado. Isso não é necessariamente anormal ou patológico; é natural, e faz parte da estrutura psíquica de cada pessoa. O medo deve ser acolhido (aceito) e não criticado.

Sociedades, famílias e grupos estruturalmente neuróticos ou psicóticos tendem a desmerecer e a não aceitar limites ou dificuldades pessoais em favor da manutenção de uma ilusão de ordem e perfeição. Abrem-se as portas para a exclusão e para o preconceito. Há exclusão do indivíduo que não dirige em nossa sociedade. Aquele que não dirige é enquadrado como problemático, frágil, desqualificado e estranho. Por outro lado, o indivíduo que não dirige capta esse papel e incorpora este "ser o pior de todos". Além do desrespeito social, há o desrespeito consigo mesmo. Ele perde a noção de sua trajetória pessoal, que não se encerra somente na questão de dirigir ou não um automóvel.

A história pessoal é algo muito mais amplo e complexo do que o fato isolado de dirigir. Ela revela um conjunto de experiências positivas, realizações e qualidades pessoais. Uma pessoa não é pior porque não dirige, nem melhor porque dirige, ou seja, não é dirigir um automóvel que faz um ser humano melhor ou pior.

Profissionalmente, tive contato com muitas histórias sobre medo de dirigir, medo de nadar, medo do amor, medo da vida e da morte, medo de si mesmo. Há vários anos, essa temática ocupa meus momentos de reflexão. Este livro é uma reflexão sobre os medos que todos sentem.

Quanto ao medo de dirigir, conheci pessoas que possuem esse medo e não sabem quais os caminhos para superá-lo; outras que venceram o medo, e outras, ainda, que se consideram numa fase intermediária: não perderam o medo completamente.

É saudável perder o medo? Podemos viver sem ele? Qual é o problema de conviver com o medo? Temos medo da sensação desagradável que ele provoca? Se o medo existe em todos nós, onde vamos acolher e colocar esse medo?

Ao ouvir os traumas, os relatos de acidentes e de circunstâncias desfavoráveis em que as pessoas estavam envolvidas, pude verificar algo interessante e engrandecedor: todas essas pessoas não são portadoras de fobias no sentido restrito e padronizado; elas são seres muito além dessa classificação, mas se enganaram em suas vidas (ou a sociedade as enganou).

Foi esse engano que as levou a acreditar que são simplesmente seres restritos, frágeis e com poucas possibilidades de sucesso. Mas, ao contrário, são pessoas fortes e muito ansiosas justamente porque são repletas de energia e de emoções fervorosas. São extremamente sensíveis e criativas, com grande necessidade de aceitação do outro e, muitas vezes, por causa da emoção à flor da pele, os pensamentos se desorganizam. Assim, como é difícil controlar as emoções da paixão e do amor, para elas é difícil controlar as emoções ao dirigir.

Ao conversar com profissionais de várias áreas, como professores de educação física, de yoga, psicanalistas, psiquiatras e professores de Filosofia, pude refletir de forma mais ampla sobre o assunto. O resultado dessa reflexão está neste livro, que compartilho com você.

Capítulo 1

ENTENDER
PARA SUPERAR

A origem do medo de dirigir

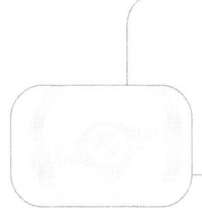

A origem do medo de dirigir está nos motivos particulares de cada pessoa que, em sua história de vida, apresenta dificuldades peculiares. Se, o indivíduo sofreu algum acidente automobilístico ou não teve apoio adequado da família ou do instrutor, isso poderá desencadear o medo. Se, no momento inicial do aprendizado, sentiu-se desamparado, tal fato pode gerar dificuldade, sentimento de inferioridade e resistência em dirigir um automóvel.

O aprendizado é algo delicado e, muitas vezes, as pessoas não se dão conta disso. É como uma criança que está aprendendo a andar ou como uma criança ou um idoso que está aprendendo a nadar.

Em vários grupos de pessoas com medo de nadar, observei que os homens não assumiam sentir medo, apesar de o estado emocional ansioso estar evidente. As mulheres assumiam o medo, comunicando-o a todos. A experiência de entrar inicialmente na piscina infantil e praticar exercícios gerou ansiedade; no entanto, o professor aliviou esse momento, demonstrando bom humor e descontração. Ao avançar nos exercícios, o desafio foi sendo maior por causa da desestabilização emocional. Quanto maior a tensão, maior a vontade de evitar o contato com a água.

Notei que algumas mulheres apresentavam muita vontade de enfrentar o desafio, encarando-o como um teste para si mesmas, uma auto-afirmação, uma vontade de vencer para elevar a auto-estima, para contar aos filhos e ao marido, enfim, para a afirmação de que estão vivas, cheias de garra e poder. A paciência e a persistência contribuíram para que fossem além, superando obstáculos. O professor teve papel importante ao motivar seus alunos, utilizando-se de muitas estratégias, como vídeo, dinâmicas de grupo, passeios para entrosamento grupal, etc.

As pessoas que persistiram enfrentando a tensão chegaram à outra fase, com a diminuição da ansiedade e da tensão, e atingiram um estado emocional de prazer e relaxamento. O prazer veio acompanhado de autoconfiança e de elevação da auto-estima.

A motivação para prosseguir o curso aumentou a partir de uma força interna para superar limites. Além dos efeitos benéficos da disposição física e mental a partir de uma prática esportiva bem direcionada, as pessoas pareciam ter descoberto algo fundamental em suas vidas: uma capacidade que antes estava oculta. O despertar de uma potencialidade até então adormecida parecia transformar a vida dessas pessoas.

Depoimento

Dirigir é uma experiência muito positiva na minha vida
N.M.S., 63 anos, professora aposentada

Aos 50 anos eu tirei carta. Peguei no carro pela primeira vez aos 30 anos, quando meu marido me colocou para dirigir. Foi na avenida 23 de Maio e morri de medo. Ele gritava comigo com qualquer erro que eu cometia. Fiquei muito assustada.

Eu lecionava em escolas e me aposentei em 1994. A partir da minha aposentadoria, a minha filha começou a me incentivar a dirigir. O meu marido não me incentivava, ele ficava preocupado com a possibilidade de eu estragar o carro.

As minhas filhas dirigem muito bem. Uma delas dirige caminhonete e moto. Nunca tiveram medo e sempre gostaram de dirigir. Com o meu dinheiro tirei a carta de motorista e comprei o meu carro. Fiz várias aulas na auto-escola, mas o instrutor não era muito bom. Quem me ensinou mesmo a dirigir foi uma grande amiga. A minha amiga vinha na minha casa, tirava o meu carro do estacionamento em que ele ficava e me levava para ruas tranqüilas. Ela fez isso comigo durante dois meses até que eu consegui sair sozinha.

Ela me deu uma grande motivação porque me fazia ver cada erro que eu cometia não como derrota, mas como um incentivo para continuar. Essa amiga já tinha passado pela mesma experiência e ela pôde me compreender. Ela também tinha medo de dirigir e aprendeu com um vizinho que teve paciência de ensinar-lhe. Ela também me deu várias dicas, como: se você é xingada, faz de conta que não é com você.

Quando eu fiquei segura no volante, meu marido ficou com ciúmes de mim. Eu me tornei uma pessoa diferente, mais segura.

Essa experiência acrescentou alegria na minha vida. Eu deixei meu marido com os problemas dele e continuei firme no volante.

Em algumas ocasiões, o meu marido fala para eu pegar o carro na estrada. Já peguei um pouco. Mas tenho medo que ele me coloque medo. Então procuro não pegar o carro junto com ele.

Na minha vida diária o carro me facilita bastante. Dirijo sempre por perto, no meu bairro, vou para a casa de amigas, resolvo o que tenho para resolver. Quanto está chovendo e está frio, o carro ajuda muito. É bem melhor do que pegar um ônibus com frio e com chuva.

Quando eu comecei a dirigir, bati o carro. Foi só de leve, não foi nada grave e isso não abalou a minha confiança. Hoje, cada vez que saio com o carro peço a proteção de Deus. E penso como sou feliz de já ter superado tantas dificuldades na vida pessoal e consegui vencer mais uma: dirigir o carro. Encaro o trânsito como um desafio. Gosto deste desafio. Não me faz mal, me faz bem, eu me sinto vitoriosa de conseguir enfrentar os desafios.

Se eu tivesse aprendido antes, iria me dar muito bem no volante. Nós desenvolvemos as nossas aptidões ao longo da vida. Acho que iria me desenvolver muito no volante. De qualquer forma, dirigir é uma experiência muito positiva na minha vida.

Todos podem aprender a dirigir

Todas as pessoas podem aprender a dirigir. Todas as pessoas podem aprender a nadar. Algumas demoram mais tempo para aprender, outras menos, mas, com o treinamento todas aprendem. Quando o professor orienta, explica e demonstra, o aluno adquire uma idéia aproximada do que deve ser feito. Quando o aluno realiza o movimento, seja na natação ou ao dirigir um veículo, fará algo estranho e talvez não muito eficiente. Ficará cansado ou se sentirá um pouco estranho, porque sua energia está em fase de adaptação a uma nova experiência. O preparo físico e emocional para realizar uma tarefa, para desempenhar uma ação nova, é bastante intenso no início.

Vamos imaginar uma pessoa que deseja jogar vôlei, seja ela atleta ou não. Certamente, irá sacar inúmeras vezes até aprender a dar um bom saque. Vai errar, acertar, sentir-se um dia mais feliz, outro dia mais triste. Mas o que leva a pessoa a seguir em frente?

Em determinada ocasião, um técnico de vôlei observou que as pessoas se impulsionam para as ações por dois motivos: por paixão ou por necessidade.

Podemos nos apaixonar por aquilo que fazemos, e isso passa a ser tão importante em nossas vidas que a dedicação é máxima, e quanto mais nos dedicamos, mais queremos nos dedicar, e acabamos desenvolvendo grande habilidade.

As fases de muita paixão, por pessoas ou pela vida, podem ajudar muito porque a paixão impulsiona à medida que eleva a auto-estima e a confiança para enfrentar desafios e ultrapassar limites.

A necessidade é uma forte aliada porque nos move para as ações sem oferecer muitas opções. Quando se precisa levar os filhos para a escola, quando se trabalha para sustentar a família, ou seja, quando a necessidade está em primeiro lugar, o desafio terá de ser enfrentado. A realidade é mais forte e as justificativas ficam em segundo plano. Não há tempo e espaço para o medo, é preciso uma ação ou providência imediata.

A pessoa muito ansiosa é capaz de grandes realizações, mas, em casos extremos, pode desistir e colocar tudo a perder em momentos decisivos. Existem pessoas mais ansiosas e outras menos, de acordo com características individuais, ou seja, o homem é um ser biopsicossocial e, nele, estão presentes aspectos genéticos, de personalidade e do meio social.

O que nos leva a desistir de um desafio? A vida é feita de momentos e fases e, em cada fase, algo é importante para nós ou não. Conheci pessoas que começaram a nadar aos 4 anos de idade e hoje, aos 30 anos, continuam nadando muito bem. Outras que só descobriram a natação aos 30 anos, nadam bem hoje, mas de uma forma diferente daquela pessoa que começou a nadar desde criança.

Para algumas pessoas, aos 18 anos não era importante dirigir, não havia interesse, outras coisas na vida eram mais interessantes. Não havia motivação, pois suas vidas estavam bem estruturadas, andando de táxi, metrô ou ônibus. Outras pessoas tentaram dirigir e desistiram porque não gostaram da experiência, elas assumem não ter gostado e não querem mais tentar. Não pensam nessa questão e não gostariam de pensar. É como alguém que, por exemplo, não quer andar na montanha russa. Ela simplesmente não quer, e isso não é um problema em sua vida.

Existem aquelas, no entanto, que se culpam por haverem tentado e não terem conseguido. Vamos tratar desse assunto mais a frente.

Conscientemente, há pessoas que optam por não dirigir com receio de assaltos e da violência presentes nas grandes cidades e no trânsito. Há idosos que dirigiam e, atualmente, preferem não dirigir e levar uma vida mais tranqüila, longe do trânsito. A confusão, a imprevisibilidade e a velocidade os assustam.

Há pessoas que dirigem e as que não dirigem; o mais importante é a liberdade para decidir, com respeito por cada momento da vida. Mas tomar essa decisão não é algo simples, fácil e rápido justamente pelos motivos inconscientes implicados na questão. Há pessoas que estão pedindo ajuda emocional porque não sabem o que está acontecendo com elas. Por um lado, sabem racionalmente que precisam dirigir; por outro lado, emocionalmente, sempre que vão tentar, algo as bloqueia. O que será isso?

Há várias formas de pensar sobre esse assunto, e, ao longo dos capítulos, diferentes abordagens serão apresentadas como objeto de reflexão.

Psicanaliticamente, pode-se refletir sobre as experiências desfavoráveis, difíceis e frustrantes que ficaram registradas no inconsciente. Mas não foi qualquer marca e, sim, aquela marca profunda de algo que não deu certo na vida em determinada ocasião, transformando-se num trauma. Seja uma experiência ruim na vida escolar, em que houve uma desvalorização das capacidades em sala de aula, seja uma experiência na família, em que houve um processo de rejeição forte, etc.

Lembro-me de experiências bastante desfavoráveis nas aulas de educação física na escola em que estudava. Os alunos que não sabiam jogar, como eu, eram excluídos, e o mesmo ocorria nas aulas de matemática. Eu vivia com dores de barriga e com enxaquecas, sentia medo, vergonha e uma sensação tão desagradavelmente marcante, que até hoje a sinto em alguns momentos da minha vida.

Cada ser humano é diferente de outro, reage de formas diferentes, possui a própria originalidade e sensibilidade na maneira de encarar os fatos da vida.

Depoimento

Ele apontou a arma e levou meu carro; nunca mais dirigi
R.A.O., 50 anos, secretária

Como sempre fui uma pessoa ansiosa e com medo, demorei a tirar carta. Tirei aos 30 anos. Nas aulas com o instrutor eu era muito nervosa. Com o carro do meu marido eu dirigia bem e ficava mais tranqüila. Eu estava pegando prática com o carro quando fui assaltada. A partir disso, nunca mais dirigi.

Foi uma experiência que me marcou muito porque eu estava começando a me soltar com o carro. Estava começando a perder o medo e a me sentir mais segura. Já dirigia sozinha, levava o meu filho aos lugares. Eu estava entusiasmada, então resolvi comprar um carro melhor. Um dia, na porta de casa, um homem me apontou um revólver e levou meu carro. Isso foi tão chocante que transformou a minha vida. Eu vivia só pensando naquele momento horrível. A cena vinha toda hora na minha cabeça. Se eu tentava dirigir, vinha a cena na minha cabeça. Eu ficava imaginando a arma me ameaçando o tempo todo.

Nunca mais eu dirigi. Se, em algum momento, tenho que manobrar o carro do meu filho, já fico muito nervosa. É raro ter essa necessidade, mas se tenho, é motivo de descontrole emocional. Acabei me acostumando com a vida de andar de ônibus e metrô. Sou ativa, trabalho o dia todo e ainda faço faculdade à noite. Trabalho e estudo bastante. Não penso mais em dirigir, acostumei a viver como estou. E também não penso muito nesse assunto e não converso sobre ele.

O que é um trauma?

O trauma (acontecimento traumático) é algo que gera uma carga emocional intensa na vida psíquica além do suportável para a mente. A carga emocional intensa causa tanta angústia, que acaba sendo reprimida (esquecida) no inconsciente. Ocorre a repressão numa tentativa de evitar o desprazer e reequilibrar o psiquismo, já que o trauma causou uma perturbação como se fosse um choque, um ferimento grave. Os machucados não ocorrem somente em nível corporal, como, por exemplo, caiu e se machucou. Os machucados ocorrem em nível mental a partir das construções emocionais que fazemos com os acontecimentos da vida.

Desse machucado mental surge o sintoma neurótico. São os sintomas neuróticos que gastam uma grande quantidade de energia, causando o físico e mental. O indivíduo sente-se exausto e desanimado ao dirigir. Essa é a manifestação do sintoma neurótico. É como se fosse uma energia voltada para permanecer com a mesma neurose, impedindo qualquer mudança emocional.

Os fatores determinantes na formação de um trauma são meio ambiente, pessoas implicadas na convivência, e o conjunto de características pessoais. Assim, não há duas pessoas que dirigem um carro do mesmo jeito, como não há duas pessoas iguais na forma de encarar os problemas da vida. Para alguns, dirigir um carro pode ser algo banal e simples; para outros, pode ser algo mais complicado. Para alguns, aprender uma língua pode ser fácil; para outros, há mais dificuldade.

Vamos imaginar um mesmo acontecimento na vida de duas pessoas: para uma, esse acontecimento virou trauma, e para a outra não. A vida da pessoa que não possui o trauma transcorre de uma forma natural. A pessoa que possui o trauma poderá ir além, isto é, descobrir o que significa isso.

O trauma passado costuma ser repetido constantemente ao longo dos anos, como uma fixação mental. Para resistir a alguma possibilidade de mudança, repete-se a frase: "Eu não vou conseguir, eu me sinto muito mal, não vou agüentar". Quando tentar dirigir, a ferida dói. Mas não é simplesmente uma ferida do presente, é uma ferida que não foi elaborada no passado. A dor é a dor dos registros do passado, experiências cheias de dificuldades que ficaram dolorosamente marcadas. Quando vem o desprazer ao dirigir, esse sentimento é muito mais relacionado a um desprazer de uma marca do passado, a partir de um registro mental, do que a dificuldades do presente (no ato de dirigir).

As dificuldades no ato de dirigir em si praticamente não existem; geralmente, as pessoas com trauma dirigem bem, tecnicamente. O desprazer ao dirigir vem do material reprimido do passado que está tentando se expressar agora no ato de dirigir. Então a pessoa chora, sente-se tão mal física e emocionalmente que pode não conseguir levantar da cama por causa da depressão.

Nessa situação difícil, o emocional é testado: se vai ter força psíquica para mudar a situação ou se vai manter a defesa para se proteger da explosão de um material reprimido doloroso do passado.

O mal-estar e todos os sintomas físicos/emocionais fazem parte de um momento de contato com algo difícil e reprimido que agora começa a aparecer. Com o enfrentamento do problema e com o alívio dos sintomas, o indivíduo tenderá a crescer no sentido de encarar melhor as situações desfavoráveis. E passará a dirigir com mais confiança seu carro e sua vida emocional.

Depoimento

*Em vez de eu tentar melhorar e me corrigir,
eu fui me reprimindo*
P.N., 32 anos, jornalista

Aos 18 anos, já tinha a minha carta e pegava o carro da minha mãe. Sempre fui impulsiva, ansiosa, atrevida e corria muito. Minha mãe me criticava. Eu percebo que as críticas da minha mãe me atrapalharam, não me ajudaram em nada. Não me serviram de alerta para que eu dirigisse melhor, não me orientaram para me dar confiança. Essas críticas contribuíram para bloquear a minha vontade de dirigir.

Eu sei que, mesmo nas aulas com o instrutor da auto-escola, eu exagerava, era pé no acelerador, mas em vez de eu tentar melhorar e me corrigir, eu fui me reprimindo. Eu me acomodei de tal maneira que não me animo mais a dirigir. Fiquei assustada e hoje me pergunto: "Para que dirigir?. Se todo mundo reclama das loucuras que acontecem no trânsito, para que vou me arriscar? Vale a pena?"

Eu acho que não vale a pena. Todos na minha família já se conformaram com essa situação de eu não dirigir. Eu também me acostumei a pegar ônibus, metrô ou táxi. Tenho uma filha pequena, às vezes pego táxi. Não sei se sentirei falta do carro quando ela crescer, para levá-la à escola. Mas faço as coisas normalmente sem carro.

Algumas vezes, no interior, meu marido me deixava pegar o carro e eu dirigia. Só que dirigir naquelas ruas tranqüilas é completamente diferente do que dirigir aqui em São Paulo. Quando eu tirei carta, meu pai até chegou a me dar um carro. Acho que me frustrei quando ele vendeu meu carro para pagar uma dívida. Daí eu não tive a chance de praticar mais e desanimei.

Sofrimento e aprendizado

O sofrimento oferece um grande aprendizado: a flexibilidade para enfrentar as situações desconfortáveis e desfavoráveis na vida. Contudo, todos os limites devem ser respeitados. As defesas são importantes para todo ser humano, e anunciam os momentos de parada: "Agora tenho de parar". No dia seguinte, dará para ir um pouquinho mais. Assim funciona um aprendizado sólido: em doses homeopáticas. De nada adianta jogar, imediatamente, a pessoa na piscina funda se ela tem medo. De nada adianta jogar a pessoa, imediatamente, dentro de um carro e colocá-la para dirigir no trânsito se ela tem medo. O passo-a-passo oferece um aprendizado mais seguro e uma possibilidade de autoconhecimento enriquecedora; o imediatismo gera superficialidade, falta de bom senso e insensibilidade.

Segundo Bruno Bettelheim, se pensarmos retrospectivamente, a maioria de nós conseguirá se lembrar de ter se sentido atemorizado quando criança, talvez quando entramos em uma casa escura e desconhecida ou quando dormimos em um quarto escuro como breu.

Nas famílias, nas escolas e na sociedade, em geral, há um desmerecimento em relação ao medo, um desprezo como se fosse algo menor, sem importância alguma. Não se fala sobre o medo, e, quando ele é sentido, às vezes é percebido como se fosse algo proibido. Os meninos, desde pequenos, são acostumados a brincar de carrinhos e têm de ser os "fortes". As meninas vivem num ambiente mais protegido e têm de ser as "belas". Sentir medo é visto como algo sem importância ou é interpretado como algo patológico. Dessa forma, os nossos medos são mal compreendidos.

O medo faz parte de nossa vida desde que nascemos. Ao romper o cordão umbilical, abre-se um mundo assustador à nossa volta. A criança pequena sente seus medos e tem seus pesadelos. O lobo mau é uma representação de que a criança necessita para descarregar as pulsões, por exemplo. Nos contos de fadas, a criança se identifica com os personagens: inventa, sonha, cria alternativas para sair de situações difíceis, descobre a alegria e a tristeza. A vida é assim: perdemos um medo, mas outros surgem. Quem acolhe os nossos medos?

O bebê depende inteiramente de outra pessoa para a satisfação de suas necessidades. À medida que crescemos, também dependemos do outro, mas de outras maneiras estabelecidas nas relações de casamento, de emprego, etc. O ser humano depende de uma aprovação social dos grupos para inserir-se e sentir que pertence a uma sociedade. Precisa realizar ações, provar sua força, competência e bom desempenho. Cumpre papéis sociais e, muitas vezes, pode se perguntar: "Quem sou eu?". Eu sou aquilo que a sociedade exige de mim de acordo com certos padrões de conduta, ou sou aquilo que desejo ser? Se decido que não sou aquilo que a sociedade exige de mim, então o que desejo ser?

O que ocorre é que ele não sabe mais o que deseja. Ele se perdeu há muito tempo de seus próprios desejos. Alienado e massacrado pela vida cotidiana, não consegue questionar-se sobre a subjetividade, ficando preso nas garras de uma vida desprazerosa e estranha.

Os acontecimentos em nossa vida possuem um significado, mesmo que se queira esquecer ou fingir que não existem, e as marcas ficam na estrutura psíquica, e um dia podem explodir. As situações do passado que não foram bem elaboradas mentalmente podem retornar na vida adulta.

Depoimento

Depois de ter perdido um amigo em um acidente de trânsito, meu medo aumentou
J.L.C.S., 45 anos, psicóloga

Dirijo há 13 anos. Sempre me deparei com o medo de dirigir, porém, há aproximadamente um ano, depois de ter perdido um amigo em um acidente de trânsito esse medo aumentou, principalmente, quando há crianças no carro.

Eu penso sobre os motivos que me levam a ter medo. Eles estão ligados à falta de educação, indisciplina no trânsito, desatenção e imprudência da maioria dos motoristas. Há também um preconceito dos homens com relação às mulheres no trânsito que gera desrespeito e insegurança. Fico insegura principalmente à noite, tenho medo da violência quando paro nos sinais. Tenho medo de falha mecânica, da falta de respeito dos motoristas de ônibus e caminhões, das pessoas que dirigem alcoolizadas, da imprudência dos motoqueiros, dos ciclistas e pedestres. Sinto medo da minha reação em um momento de conflito no trânsito, sempre tendemos a ser mais reativos quando dirigimos.

Eu sempre admirei quem dirige. Pensava sobre isso e achava que seria fácil lidar com a direção. Na verdade, foi fácil me familiarizar com a máquina e tem um lado meu que gosta de guiar. Mas o difícil é enfrentar os perigos no trânsito. Ao dirigir sinto-me tensa e hoje, pensando bem, acho que não gostaria de dirigir.

Dirijo por necessidade, por hábito e por comodidade. É uma contradição, dá medo, mas há alguns ganhos. Eu tento lidar com os fantasmas do medo não os alimentando. Eu tento não me irritar com a falta de educação dos motoristas. Parece que a maioria desconhece ou simplesmente desrespeita as regras do trânsito!

Eu tento não me irritar, mas é difícil dirigir com tranqüilidade. Os fatores externos interferem bastante no meu equilíbrio. Então, acabo me sentindo irritada e impaciente no trânsito.

Quando comecei a dirigir, eu tinha muitas dores de barriga só de pensar em dirigir. Depois fui superando, hoje não tenho mais. Os instrutores pacientes e experientes de uma auto-escola me ajudaram bastante. Aqui em Recife não conheço nenhum curso específico para medo de dirigir. Várias mulheres que conheço sentem medo dos perigos do trânsito e nós conversamos sobre isso.

As várias formas de expressar emoções

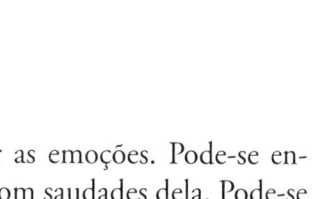

Existem várias formas de expressar as emoções. Pode-se encontrar uma pessoa e falar que estava com saudades dela. Pode-se falar "estou triste". Mas pode-se neutralizar as emoções e expressá-las no corpo: úlcera, dores no peito, enxaquecas, entre outras manifestações. O corpo e a mente dão sinais de que algo não está bem. Não estar bem remete à possibilidade de pensar.

As filosofias existenciais do século XX e a psicanálise de Freud exploraram a questão da angústia colocando as seguintes idéias: o homem é angústia; a angústia abre possibilidades para repensar, sendo um exemplo de experiência de verdade; se acabamos com a angústia, acabamos com o sujeito. O reconhecimento da impotência diante de certas situações, dos medos e das angústias aproxima o ser humano de si mesmo. A família e a sociedade passam a seguinte mensagem: "Não pode ter medo, que bobagem!". Desde pequenos, aprendemos a reprimir o medo e a fazer surgir a onipotência. A onipotência esconde o medo e não deixa a depressão aparecer. A onipotência é uma defesa para que não surja a realidade. A realidade é que somos todos seres humanos com medos, impotentes e imaturos diante de muitas situações. Muitas situações nos assustam, nos ameaçam e não sabemos como agir, como pensar, o que decidir. A vida é muito mais complexa do que uma simples adaptação social. A "normalidade" pode significar uma boa adaptação social, mas e os medos que todos sentem?

Os aspectos mais profundos do ser humano encontram-se ocultos muitas vezes por trás de um raciocínio inabalável (defesa intelectual), ou de uma vida mecânica sem tempo para uma auto-análise. Quem chega a se encontrar interiormente? Para uma auto-análise, é preciso deixar o medo aparecer, assim como as angústias e as inquietações.

O medo é uma emoção que desenvolvemos durante o contato com o perigo. A mãe fala ao filho pequeno que ali não pode ir, que lá não pode mexer. Diz: "É perigoso". Ao sentir medo, a criança diferencia o que pode e o que não pode. Se for muito advertida pelos pais, poderá ficar insegura, sem a experimentação e sentindo que não pode e não consegue fazer nada. Se não for advertida, não compreenderá os limites. É tarefa árdua dos pais e educadores buscar um equilíbrio nos pensamentos e ações.

É difícil sentir medo e falar dele. Há uma tendência natural do ser humano de evitar o medo e de se defender dele. O ser humano busca acreditar em algo que o agrade, construir um mundo que o agrade, e vivenciar o medo o mínimo possível. No entanto, vivenciar o medo é intrínseco ao processo do viver. Não podemos eliminar todos os medos e, sim, suportá-los para nosso próprio desenvolvimento humano.

O desconhecido é temido, desde o medo do trovão até o medo do vírus da Aids. Mas se fugirmos da dor que o medo provoca, impedimos a criatividade. É pela dor que nascem as artes, as ciências e as religiões. O artista cria a partir de um contato com os medos, as dores, as angústias e o desconhecido. O destemido, muitas vezes, é chamado de louco. Em contato com as emoções, ele sente o que, cotidianamente, as pessoas nomeiam. Desde cedo, aprendemos a nomear e a categorizar. Nomear a dor, o medo, o amor, etc. Controlar e segurar os sentimentos. Ter vergonha e medo de sentir angústia. Quando, em algum momento da vida, se percebe que fugir não é a melhor solução, a pessoa chega ao limite.

Em relação ao medo de dirigir, a pessoa vai procurar um auxílio profissional quando percebe que sua vida está muito "impedida". Percebe que ela não está fluindo como o desejado. Se essa sensação for muito forte, será transformadora, ou seja, mudará a vida de alguma forma. Caso contrário, a pessoa aprenderá a lidar com a vida de tal forma a "comportar" esse medo. Perceberá vantagens ao não dirigir como, por exemplo, proteção de alguém que dirige, vida menos sedentária (poderá caminhar mais para ir até o ponto de ônibus, andar de bicicleta, etc). Acabará por encontrar várias formas de evitar a situação de dirigir um automóvel.

Se algo mudou dentro dela com a decisão de enfrentar o medo, ela poderá se sentir estranha, com uma sensação de desamparo parecida com a sensação de desamparo inicial ao nascer. Nasce um medo da morte, gerando uma angústia parecida com o medo de morrer de fome e de frio, quando se era bebê. Esse enorme sofrimento é uma expressão humana rica de significados.

O ser humano é complexo interiormente e repleto de muitas emoções que não encontram uma expressão adequada no cotidiano. Muitas vezes, o enorme sofrimento é engolido, guardado e não pensado. Qual é o seu significado? Vamos imaginar algo em relação a dirigir um automóvel, mas todos os significados em que estamos pensando podem valer para outras situações da vida. O medo sentido pode ser tão grande e forte que é capaz de gerar um sentimento de solidão. Não se sabe qual é maior e pior, se o medo ou a solidão. A pior sensação para essa pessoa é sentir-se sozinha dirigindo um carro.

É até difícil pensar nisso.

Há uma sensação de vergonha. Todos dirigem sem problemas, mas ela não. Como mostrar-se tão vulnerável ao outro? Mostrar-se para quem? Para o marido? Para o instrutor? Para os vizinhos? Todos vão olhar alguém que não sabe dirigir. A vergonha é muito grande. O que vão pensar? O que vão falar? E se quiserem me ajudar, eu vou me mostrar tão frágil? E se me criticarem, vou chorar e nunca mais vou dirigir? Os pesadelos começam. A pessoa sonha com acidentes de trânsito, com mortes, com quedas de lugares altos, etc. Quando consegue dormir, acorda assustada repentinamente. Sente que não agüenta mais, vai explodir, agora vai morrer. Qual morte é essa?

É a morte subjetiva, e não objetiva. A sensação é de morte física. Mas é preciso compreender esse momento de morte subjetiva, ou seja, o que está morrendo dentro dessa pessoa? Está morrendo uma coisa velha e nascendo uma coisa nova. Pensamento novo, forma de viver nova, etc. É morte e vida ao mesmo tempo numa expressão de grande sofrimento. Quando algo profundo dentro de nós muda, é sofrido. Mas isso não se aprende na escola, na família e nos lugares em geral. Com quem vou conversar sobre isso? É estranho, será que alguém já sentiu isso? É tão sofrido, estranho e desconhecido que os remédios ajudam a amenizar essa complexidade humana. Os remédios antidepressivos cumprem a função de aliviar tamanho sofrimento. Mas se não entrarmos em contato com todo esse sofrimento, como poderemos crescer como seres humanos e sermos mais capazes de ter uma vida mais feliz?

É importante notar que o sofrimento é da condição humana. O sofrimento faz parte da vida e do ser humano. A insatisfação e a inquietude fazem parte de todos nós. Não é o medo de dirigir em si que traz sofrimento. O ser humano é que é sofrimento. Algumas pessoas são mais ansiosas, mais perfeccionistas, mais rígidas, outras não. Mas todas têm suas inseguranças, medos, insatisfações e angústias.

Há um sofrimento muito grande do chamado "tímido". Ele é o diferente em nossa sociedade tão elétrica e voltada ao "fazer coisas". Sente-se diferente em relação aos extrovertidos. E gostaria de ser igual a todos. Na verdade, ser igual a todos significa "participar", sair da solidão, inserir-se nos grupos. Sente-se solitário e, nessa solidão, a sensação forte é de que os grupos não o acolhem. Sente-se problemático porque está fora do grupo, fora da maioria. Com uma sensação de que é problemático e vítima, o próprio indivíduo acaba se excluindo, denotando um sentimento de inferioridade que, nos grupos, poderá ser entendido como "incompetência". É a incompetência de participar, de falar, de se posicionar, de enfrentar as dificuldades. Em treinamentos nas empresas, nos grupos esportivos e em alguns colégios de ensino médio, fala-se a respeito disso, visando o bom desempenho e a competência. Esses treinamentos entendem que um ponto de vista importante é aquele focado no desenvolvimento das competências que o indivíduo deve adquirir, desde dirigir um automóvel até comandar reuniões de negócios. Pensa-se no indivíduo como o competente e não como o incompetente, como aquele que se supera e não como aquele que não consegue se superar.

Há muitas pessoas que superaram problemas de saúde e tornaram-se atletas de alto nível ou que começaram em empresas em cargos de pouco destaque e tornaram-se líderes. Contudo, para atingir a superação é preciso algum exercício de volta a si mesmo. O ser humano que não se conhece interiormente está perdendo muito. Como ele irá lidar consigo mesmo? As situações de desafio da vida familiar, profissional, pessoal, etc. exigem alguma forma de competência que passa pelo autoconhecimento.

Acreditar no desempenho físico sem investir na riqueza emocional não é tão interessante. O mais interessante é o conjunto de corpo e mente em busca de equilíbrio. E o que há de mais curioso é o desafio do homem contemporâneo: como buscar equilíbrio num mundo tão desequilibrado, cruel e estranho? Muitas vezes, observamos que as pessoas lutam para desenvolver-se fisicamente, não somente por uma questão de saúde, mas por causa dos apelos de nossa sociedade por um corpo perfeito. No entanto, fica faltando o aspecto emocional/mental que leva ao autoconhecimento.

Se ninguém escapa do sofrimento da vida e de tantas situações desafiadoras, como lidar com ele? Atualmente, as pessoas falam muito sobre estresse. Existe o estresse saudável, que vem do contato com o sofrimento, porque a pessoa abriu um pouco mais as suas defesas. É importante passar por esse tipo de estresse para o crescimento pessoal.

Que estresse é esse? É aquele em que a pessoa está se sentindo muito mal só de pensar na idéia de ter de dirigir um carro sozinha, por exemplo. Se ela é diabética, irá piorar nesse momento. Se ela sofre de enxaquecas, irá piorar nesse momento. Se ela sofre de problemas intestinais, também irá piorar. É uma mudança no corpo e na mente. Ela está entrando em contato com o sentimento de desamparo e solidão. Está insegura e com uma sensação de que não vai agüentar tal sofrimento. Algumas pessoas dizem que são ansiosas em relação a tudo. Ao encontrar uma pessoa para conversar, ao sair de casa para passear, enfim, a mente está sempre com preocupações em relação às circunstâncias rotineiras. Preocupam-se se vão perder o emprego, preocupam-se com as finanças e com a saúde. Estão constantemente tensas, com dores musculares, inquietação e irritabilidade.

Evidentemente, ninguém gosta de sofrer e de ter medos. Não precisamos ser masoquistas e alimentar um sofrimento sem sentido. No entanto, o sofrimento é um caminho para a compreensão de nós mesmos. E ele oferece algumas lições de vida se estivermos abertos a pensar sobre isso.

Depoimento

Descobri que o meu problema era vergonha de cometer erros
A.L.P.M., 44 anos, enfermeira

Eu tirei minha carta de motorista com 29 anos. Já era casada e não pensava em ter carro, me dava super bem com ônibus e metrô. Meu marido me incentivou a tirar carta. Todos achavam o cúmulo uma mulher independente e segura não ter esse documento.

Fui a uma auto-escola perto de casa. Achei o máximo o carro andar logo no começo, achei "super" fácil e logo entrei numa movimentada avenida perto de casa. Fiz cinco aulas e desanimei. Não gostava de dirigir. Achei vários motivos para não ir às aulas, um dos motivos era o meu trabalho rotineiro, que me deixa sem tempo para outras atividades.

A pressão dos familiares continuou e resolvi tentar outra vez. Era uma auto-escola perto do hospital em que eu trabalhava. Fiz as aulas e tirei a "carta especial" para não ter problema de não passar. Em quinze dias eu estava habilitada e pensei que tivessem acabado os meus problemas. Eu praticava no carro do meu marido, mas certo dia ele disse que eu poderia bater o carro e seria melhor ter o meu. Ganhei um carro.

Depois de ele ficar cerca de um ano no estacionamento, resolvi sair com minha sogra. Na Avenida Washington Luís, sentido Aeroporto, fui razoavelmente bem, mas na entrada da Rua Jesuíno Maciel, no farol, o carro morreu. Morreu tantas vezes e o farol abriu e fechou tanto que quando eu consegui passar, os mecânicos de uma oficina próxima aplaudiram e me chamaram de D. Maria. Eu quase morri de vergonha. Desisti. Vendemos o carro.

Comecei a dirigir de fato aos 40 anos. Fiz várias tentativas entre 2001 e 2003 com professores particulares, passei por muitas escolas de charlatões e, finalmente, encontrei um curso sério para medo de dirigir. Um curso com uma metodologia clara, com planejamento e com a possibilidade de discutir o assunto com outras pessoas que enfrentam o mesmo problema. Além de tudo isso, houve no curso um apoio psicológico importante.

Descobri, no curso, que o meu problema era vergonha de cometer erros. O meu perfeccionismo me atrapalhava, pois não me permitia errar. Eu não acho que vou parar de dirigir por uma recaída. Mas é mais ou menos como se o carro andasse em trilhos, vou pelo mesmo caminho, faço poucas variações no trajeto e tenho dificuldade em ir aonde não conheço (vou, se necessitar). Não tenho medo de bater o carro, mas não tenho relação afetiva com ele, empresto-o para as pessoas.

Se percebo que não vou conseguir fazer algo com o carro, peço ajuda e digo para a pessoa que dirijo mal. Eu acho que não dirijo mal, mas falo isso para a pessoa. Quando tenho que estacionar, vou apenas em estacionamentos com manobristas.

A minha vida melhorou muito, eu dependia do meu marido, que é um santo para tudo. Agora meu tempo rende mais. Eu me sinto mais segura. Meu filho ficou orgulhoso por eu ter conseguido dirigir. Não gosto mais de pegar ônibus. Eu pegava ônibus e demorava uma hora e vinte minutos para chegar ao trabalho. Agora chego em vinte e cinco minutos.

Eu sou desatenta com o carro. Agora é que estou ficando mais "espertinha". Já fiquei sem gasolina na avenida 23 de Maio. Pego o carro no estacionamento sempre no mesmo lugar. No entanto, já aconteceu três vezes de ter sido trocada a minha vaga e entrei no carro que estava lá. Só fui perceber quando já tinha me acomodado no banco. Uma vez o proprietário chegou junto comigo e ficou só me olhando.

A falta de autoconfiança

Ao ampliar a questão sobre o sofrimento, pensamos que a idéia básica do sofrimento é a falta de confiança em si mesmo. Essa falta de confiança gera uma insegurança enorme e uma sensação de incapacidade. Aquele indivíduo que se sente o pior no meio do grupo demonstra ser muito crítico consigo mesmo. Ele se cobra muito em relação ao que falar, como falar e como agir. A cobrança é tão grande que ele acaba se atrapalhando nos pensamentos e ações. Então passa a ser considerado um desastrado e esquisito. Essa imagem dele mesmo passa para as pessoas, que também o consideram dessa maneira.

É um sofrimento grande que gera a desqualificação. O indivíduo acredita não ter capacidade para dirigir. Sofre por esse problema, mas disfarça dizendo que está tudo bem. Ele adapta sua vida à incapacidade. Mas profundamente não se sente bem. O sofrimento da pessoa que se sente diferente da maioria é forte. É difícil revelar, mas as pessoas sofrem enormemente por não dirigir. Elas gostariam de dirigir e de ter uma vida como a maioria. É assim que pensam. Gostariam de ser igual a todos e não ter essas dificuldades.

Há muito tempo me questiono sobre a formação dessa confiança básica que vem desde a infância e sobre o papel das escolas e da família. Para que alguém seja independente e autoconfiante, é preciso, primeiro, que seja dependente. Podemos pensar em várias situações em que isso pode ocorrer. Os filhos são dependentes dos pais para mais tarde adquirirem independência. Os alunos são dependentes de seus professores e instrutores que os ensinam e, posteriormente, trilharão seus caminhos sozinhos. O paciente é dependente de seu psicólogo por uma fase para depois tornar-se independente. A experiência da dependência para a independência é saudável em si porque implica em um apoio necessário para a sobrevivência, para a formação da personalidade e para o aprendizado.

Já tive experiência de trabalhar com delinqüentes em sala de aula e pude perceber o quanto lhes faltava esse apoio inicial para que pudessem ter algum destino melhor em suas vidas. O mundo desses jovens delinqüentes era restrito e negativo porque eles não tiveram experiências positivas na vida, experiências de apoio, carinho e atenção. Diferentemente, eles me contavam experiências muito negativas com a família. Um dia um deles me falou que a mãe batia nele todos os dias, e que ele ia mandar prender a mãe. Ele se drogava para ficar mais relaxado e vendia suas coisas para comprar a droga. Essa violência dentro de casa era a base de seus relacionamentos, que eram pontuados por indiferença e perversão. Esse jovem roubava na escola, quebrava os vidros e brigava com os colegas. Não tinha noção de limites, não tinha culpa. Batia, xingava e roubava para se defender. Estabeleci com esses jovens um diálogo filosófico em sala de aula. Para quebrar o ciclo negativo de suas vidas, estabelecemos uma nova experiência: a experiência da bondade. Eles perceberam com certo espanto que havia alguém legal no mundo, que queria conversar com eles, que estava interessada neles. Inicialmente ficaram muito desconfiados de mim e não queriam me deixar trabalhar, queriam destruir o meu trabalho, mantendo comigo o mesmo relacionamento com que estavam habituados. Não entrei no jogo agressivo deles e tive paciência para reverter essa situação. O que mais me dava paciência era a compreensão da realidade emocional dura desses alunos. Se eu ameaçasse puni-los, iria aumentar a ansiedade deles, e estaria reforçando a visão deles de mundo ruim e dando um reforço para a baixa auto-estima.

A dificuldade do desenvolvimento da lei interna está cada vez mais presente em nossa sociedade. O jovem mata, põe fogo numa pessoa sem motivo aparente e comete atos absurdos. A violência de todos os tipos está contaminando a sociedade. Há uma falha na elaboração da lei interna e, como conseqüência, ocorrem os graves acidentes sociais.

A criança funciona por um princípio mental chamado princípio do prazer. Esse princípio, segundo a psicanálise, significa que o bebê busca livrar-se imediatamente do desprazer e obter prazer (também imediatamente). Há uma descarga imediata de energia quando o bebê não suporta ficar com fome e chora para obter satisfação. A energia é móvel: o bebê se desvincula da experiência, recolhe a catexia e vincula-se a outra experiência, e assim por diante. O pensamento é concreto: o bebê utiliza da alucinação para aliviar a frustração (alucina a experiência da mamada quando não está ocorrendo na realidade). Quando o bebê percebe que esses processos primários não atendem mais à sua necessidade, há uma mudança: a passagem para os processos secundários. Isso ocorre de forma gradativa: utilização da visão, audição, olfato, paladar e tato; tentativas de reconhecer o objeto apropriado a uma determinada necessidade, etc.

O ego da criança começa a exercer as funções dos processos secundários: retardo da descarga de energia (já pode esperar para receber comida), a energia é fixa (já pode permanecer vinculado à experiência frustrante), o pensamento é secundário (desenvolvimento do pensamento, linguagem e abstração). Essas características são do princípio da realidade em que a criança encontra-se mais atenta e concentrada, discrimina (estabelece diferenças) e discerne (estabelece valores).

O ser humano funciona o tempo todo por esses princípios: de prazer e de realidade. Quando adulto, há predominância do princípio de realidade (em teoria; na prática, isso não ocorre, pois atualmente observamos muitos adultos infantilizados e perversos), já que foi introjetada a lei. Como é introjetada a lei? É um processo bastante complexo que tem início na fase oral.

Depoimento

Como não tenho autoconfiança em vários aspectos da minha vida, tenho medo de dirigir
N.V.B., assistente administrativa, 41 anos

Aos 18 anos fui tirar carta com alegria e confiança. Fiquei muito frustrada quando fui reprovada. Após alguns dias, pensei que não haveria problema, poderia tentar de novo e conseguiria ser aprovada. Mas fui reprovada novamente.

Meu mundo caiu. Como eu estava tão confiante e na hora do exame não conseguia passar? Eu estava indo bem nas aulas da auto-escola e não conseguia entender como não conseguia ser aprovada. Fiquei traumatizada. A minha família me perguntando porque eu tinha sido reprovada, disseram que eu já tinha começado mal e que desse jeito nunca iria conseguir dirigir. Não tive apoio da minha família e criei um pânico de dirigir.

Não queria mais pensar sobre o assunto e passei a esquematizar toda a minha vida para não dirigir. Então me acostumei a pegar ônibus e metrô por longos anos. Aos 27 anos eu já tinha duas filhas e havia uma necessidade de dirigir. Eu ainda tinha muito medo, mas o que me motivou foi a necessidade de levar minhas filhas ao médico, à escola e, assim, ter uma vida menos cansativa. Era difícil levar as duas no ônibus, era muito desconfortável e eu estava cansada.

Fiz 30 aulas na auto-escola e passei no exame. Eu estava mais madura. Era um outro momento da minha vida. Aos 18 anos era impulsiva, inconseqüente, ansiosa, mas não tinha medo de nada. Tinha uma força, uma coragem e sentia-me com muito poder para tudo. Tudo era alegre, descontraído, eu era menos preocupada.

Aos 27 anos eu já era mãe, tinha me separado do marido e precisava ter forças para vencer muitas situações, sozinha. Precisava trabalhar para sustentar minhas filhas, precisava oferecer uma vida boa para elas, enfim, os desafios eram enormes. Sabia que precisava ter uma vida mais cômoda em termos de locomoção, e dirigir seria algo que me ajudaria muito. Se eu não dirigisse, como faria num dia de frio e de chuva para levar uma criança com febre para o pronto-socorro?

Teria que depender de alguém, e não gosto de depender das pessoas. Fico com uma sensação de que sou incapaz de me virar sozinha e que estou incomodando os outros. Eu tinha mais maturidade, mas também mais medo dos perigos. Aos 27 eu tinha mais medo de dirigir do que aos 18.

Quando consegui a carta de motorista aos 27 anos, esperei até os 30 anos para dirigir, quando pude comprar um carro. Novamente, lá fui eu para a auto-escola fazer algumas aulas a fim de adquirir prática. Estava muito insegura e os instrutores que me ensinaram eram péssimos, muito bravos e sem a mínima psicologia. Estava pagando os meus pecados, era um tormento. Fiz dez aulas na auto-escola, mas não me sentia preparada para dirigir, nem para ir ao trabalho, nem para levar minhas filhas aos lugares.

Na época eu tinha um namorado que teve muita paciência em me ensinar. Todas as noites ele vinha na minha casa para eu praticar. Ele me levava em ruas tranqüilas próximas da minha casa. Ele acreditou em mim. Eu não acreditava que pudesse conseguir. Parecia algo impossível. Ele me levava na ladeira, dirigia várias vezes na ladeira. Fiz aproximadamente 15 aulas com ele.

Um dia ele me falou que eu teria de sair sozinha. Ele disse que seria no domingo. Não fui. Ele me deu uma bronca, e disse que eu teria que ir, então, no próximo domingo. Chegou domingo e o meu medo era enorme. Eu não ia conseguir ir sozinha, estava tremendo, muito insegura. A minha mãe, que nunca dirigiu, estava morrendo de vontade de ir comigo. Levei minha mãe e minhas duas filhas (uma de 9 anos e outra de 10 anos). As minhas filhas seguravam-se no banco, de medo. Fui até o Parque da Água Branca com o coração disparado, com um tremor nas pernas e no corpo inteiro.

Quando cheguei em casa foi um alívio e eu precisa descansar desse desafio. Por incentivo do meu namorado, comecei a ir trabalhar de carro somente aos sábados, pois eu trabalhava de segunda a sábado numa empresa na rua Augusta. Aos sábados era mais tranqüilo, não havia muito trânsito e resolvi enfrentar. Mas era tão difícil que tudo o que eu sonhava era ter um motorista particular. A experiência era horrível, tensa. Eu chegava ao trabalho tremendo. Eu era xingada pelos motoristas, que buzinavam.

Depois de uns três meses dirigindo aos sábados até meu trabalho, comecei a melhorar do tremor. Eu já não tremia tanto e fui perdendo o medo das ladeiras. Quando fiz algumas aulas de yoga conheci a tranqüilidade e a paz que estava precisando para o meu dia-a-dia. As aulas ajudaram-me a restabelecer o meu equilíbrio. Em momentos de tensão e ansiedade, a prática de yoga ajuda muito. É a prática com que mais me identifico, pois não gosto de ginástica e musculação. Preciso de algo tranqüilo para me acalmar.

Em vários momentos eu quis desistir porque a experiência era terrível. Não me sentia culpada de não saber dirigir bem, eu só pensava em colocar fim ao meu terrível sofrimento. Mas como eu moro com minha mãe, que é idosa, com uma irmã que não dirige e tenho minhas duas filhas, a necessidade sempre falou mais alto. Eu precisava ir ao supermercado, precisava levar as meninas nas festas de aniversário e não poderia andar sempre de táxi.

Para aprender a colocar o carro na garagem de casa foi outro sofrimento. Meu namorado me ensinou, mas um dia bati o carro. Não queria mais coloca-lo na garagem. Eu chegava com o carro e o deixava na rua. A minha vizinha vinha colocar para mim na garagem. Ou quem colocava era o meu namorado ou minha irmã mais velha, que sabia dirigir.

Depois de várias tentativas, consegui colocar meu carro na garagem. Hoje dirijo mais aos finais de semana. Não estaciono em todas as vagas, quando acho que não vou conseguir, não tento. Não quero aprender a estacionar em todas as vagas. Não quero aprender outras coisas com o carro, ele serve para me levar a determinados lugares que preciso, e só. Não gosto de dar carona para pessoas que têm muita experiência ao volante. Dou carona para amigas que não dirigem ou dirigem como eu. Até hoje sou xingada. Os homens dizem: "tinha que ser mulher, tinha que ser loira...". E ainda xingam o meu carro de banheira velha, de carro quebrado.

Recentemente, a minha filha mais velha tirou carta. Eu a incentivo a dirigir, principalmente agora, nessa idade, em que se tem mais coragem. Outro dia foi dirigir e raspou o carro numa árvore. Ficou chateada e não pegou mais o carro.

Uma vez eu dirigi na estrada, fui passar férias em Cotia. Mas era uma estrada mais tranqüila e um lugar perto de São Paulo. Para Ubatuba não vou, tenho medo. Dirigir para mim significa autoconfiança, que é necessária na vida como um todo. Como eu não tenho autoconfiança em vários aspectos da minha vida, então tenho medo de dirigir. Se eu tivesse mais confiança em mim mesma, isso ajudaria muito a dirigir e em tudo na minha vida. Eu tenho capacidade de dirigir, mas falta uma maior confiança em mim mesma. Eu melhorei bastante em relação à autoconfiança, mas tenho que melhorar muito mais. Eu acho que uma psicoterapia me ajudaria muito.

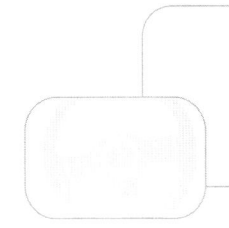

As fases do desenvolvimento humano

Freud chamou de **fase oral** (de 0 a 2 anos) aquela em que o bebê mantém uma relação objetal simbiótica (relação em que não há diferenciação entre eu/outro). Quando não é atendido em sua necessidade (alimento), vive a ansiedade da fome. Essa ansiedade é chamada ansiedade de aniquilamento. O bebê imagina que está com fome e que essa fome o destruirá.

Na **fase anal** (de 2 a 3 anos) a relação é dual, passam a existir duas pessoas: o bebê e a mãe. Começa a perceber a mãe e o quanto depende dela. Mas percebe também que a mãe é separada dele. Então vive a ansiedade de perda do objeto. Sente medo de perder a mãe (medo de abandono) e tenta controlá-la. Aqui surgem o controle, o sadismo e o masoquismo. A criança percebe que sua mãe sente alegria quando ela urina no penico, então, imagina que não vai atender a mãe, vai urinar na fralda. A insatisfação da mãe causará prazer na criança – sadismo. Ou pode ocorrer o sofrimento físico para evacuar (fezes petrificadas), extraindo prazer do próprio corpo – masoquismo. Existem indivíduos que estacionam na fase anal, portanto não chegam a aprender o que é o amor. São adultos que vivem relações sadomasoquistas. Se o indivíduo conseguir ultrapassar essa fase, passará para a próxima: a fase fálica.

Na **fase fálica** (de 3 a 5 anos) há uma relação tríplice: mãe, pai e criança. A criança percebe-se excluída da relação pai/mãe. Aqui nasce o amor. Surge a ansiedade do medo de perda do amor do objeto. A criança já ama sua mãe e sente medo de perdê-la. Surgem o ciúme e os conflitos. Se a criança tem muitas dificuldades nessa fase, não aprende a amar e não desenvolve a bondade e a auto-estima. A criança quer separar os pais, dormir na cama entre eles. Não é aconselhável permitir, pois a criança se sentirá poderosa e não conseguirá ultrapassar seu narcisismo. Ficará sempre achando que pode tudo e não terá forças suficientes para enfrentar as dificuldades no mundo e nas relações. Mas a criança pode sentir que está conseguindo atrapalhar e separar a relação dos pais, sentindo-se culpada. A filha poderá também sentir raiva da mãe e o poder do pai. Apaixona-se pelo pai e isso será fundamental nesse momento, porque lhe ensinará a lei: aquilo que pode e aquilo que não pode (o incesto é proibido).

Na **fase de latência** (de 6 a 12 anos) a criança vai tentar elaborar o Complexo de Édipo. Esse complexo contém amor e ódio pelos pais, onipotência, desejo incestuoso, e precisa ser aceito de alguma forma para formar o superego.

A função do ego será a de buscar o destino para seus impulsos. As pulsões vão pressionar o ego. O ego verificará o que fazer com elas, que pode ser:

1. Atender de imediato
2. Adiar o atendimento
3. Reprimir
4. Recalcar
5. Sublimar

Com essas opções, há uma ampliação no mundo da criança. É o momento em que ela se abre para as relações sociais.

Na **fase genital**, que se inicia na puberdade, depois na adolescência e idade adulta, as tentativas de elaboração dos conflitos continuam. Para que o indivíduo consiga ultrapassar todas as fases e chegar à maturidade adulta, o mais importante é o meio ambiente, ou seja, o tipo de atendimento que ele recebe dos pais. Se os pais conseguem entender os filhos, orientando-os com firmeza e tranqüilidade, é um passo importante. O tipo de atendimento recebido une-se às características inatas para formar a estrutura da personalidade.

Os indivíduos fixados em certas fases do desenvolvimento podem apresentar vários problemas:

Fixação na fase oral: canibalismo (morder, comer, deglutir o outro no sentido físico e psicológico); desejo de extrair do outro tudo o que puder; pouca tolerância para frustrações e voracidade (consome mais comida do que precisa para não sentir a falta).

Fixação na fase anal: relações sadomasoquistas em que não existe amor e sim jogos emocionais de manipulação.

Fixação na fase fálica: não-aceitação da castração (limite); o indivíduo não obedece à lei da cultura; sente-se onipotente ou que alguém tem o poder e é preciso roubá-lo. Um exemplo é a procura permanente pelo falo (poder); é preciso roubá-lo, e uma forma de fazer isso é pela sedução compulsiva. Roupas, revistas, programas de TV erotizados num teatro de aparências sem orgasmo.

A sociedade que não chega à fase genital (adulta) abre espaço para uma série de crimes. É um povo que não introjetou a lei cultural, portanto não há ordem externa. A lei interna é o desenvolvimento saudável do auto-amor e do amor pelo outro. Para haver lei interna, é preciso que haja frustração. Os pais precisam colocar limites aos filhos com coerência. Cito um exemplo de limite sem coerência: a professora chama a mãe para conversar e diz que seu filho colocou fogo na escola. A mãe desconsidera tal ato, achando que seu filho é bonzinho. Mas quando o filho chega em casa e quebra um copo, a mãe lhe dá uma grande bronca. Pessoas sem oportunidade de crescer psiquicamente tornam-se infantilizadas e a saúde da coletividade fica comprometida.

Ao refletir sobre as fases do desenvolvimento humano, percebem-se ansiedades, angústias e medos. Percebe-se como o ser humano tenta elaborar seus conflitos. Percebe-se que, por toda a vida, o ser humano terá questões emocionais com as quais se debater.

Perigo e ansiedade

Uma das causas de ansiedade na infância é o medo do abandono. Talvez esse medo do abandono, do desamparo, da solidão e do desconhecido permaneça ao longo da vida, remetendo-nos, assim, a uma necessidade primitiva do outro para alívio da ansiedade.

Dirigir um automóvel é uma situação desconhecida. Pode ser sentida como uma situação de perigo que rememora a sensação de desamparo vivida na infância. O carro é sentido como objeto ameaçador ao equilíbrio psíquico. O estado emocional ao dirigir é um estado de ansiedade. Alguns sintomas físicos são: taquicardia, sudorese, falta de ar, tremor, fraqueza nas pernas, tontura, dor de cabeça, dores no corpo, diarréia e outros. Os sintomas psicológicos são: sensação de que se está num ambiente estranho (o carro), pesadelos, sensação de incapacidade e impotência, sensação de que o pior vai ocorrer (acidentes, por exemplo) e outros. Pela manifestação dos sintomas, o sujeito poderá perceber como está agindo, o que está evitando, de que forma está conduzindo essa questão em sua vida.

É próprio do ser humano sentir angústia e medo, e pode-se pensar se o carro não está representando a angústia do sujeito, uma angústia que é muito mais ampla (existencial). Ele elege um objeto para representar a sua angústia existencial, constrói essa representação mental: "É o carro que me dá angústia", e controla a sua própria, criando justificativas para evitar o ato de dirigir. As justificativas são não dirigir porque ainda não comprou o carro, não dirigir porque o carro precisa passar pelo mecânico, etc.

A vida cotidiana estável, já estabelecida há vários anos, conduz a uma acomodação que pode esconder a agressividade, sendo mais fácil manter a vida num estado de passividade. A mulher, por exemplo, que se acostumou a depender do marido que dirige ou do filho que dirige, certamente não encontrará motivos suficientes para assumir a posição de motorista. Está acostumada a ser passageira. O interessante é que essa mulher poderá aparentar ser calma e passiva, mas onde está a sua agressividade? Controla-se com sua rigidez mental, com medo de a agressividade escapar.

Todo ser humano possui agressividade, seja voltada para dentro, seja para fora. Ela se volta para dentro quando a pessoa se culpa, se pune, acha que está sempre errada e tem uma sensação de insatisfação constante. E se volta para o externo quando a pessoa consegue canalizar a sua agressividade para a ação: dirigir um carro, fazer uma faculdade, escrever um livro, etc.

Quanto maior a defesa, maior o medo. As pessoas muito defensivas e muito rígidas sentem um medo enorme. Situações em que as pessoas negam os problemas e os escondem por meio de alguma euforia (uma falsa alegria) são sinais de que o medo é imenso.

Há momentos em que o medo e o desejo estão juntos: há vontade de dirigir e há medo de dirigir. É um conflito de forças opostas na mente: uma força dizendo sim, e outra dizendo não. A mente humana sempre busca satisfação e equilíbrio. Então trabalhará no sentido de evitar o desprazer. Se dirigir provoca uma tensão desagradável (uma quantidade de dor excessiva), o desprazer será evitado. O psiquismo produzirá prazer pelo alívio que acontece ao parar de dirigir. Mas quando a pessoa pára de dirigir, poderá surgir a culpa porque ela parou novamente por alguns meses ou anos, e terá de começar tudo de novo em outros momentos da vida. É como um regime de emagrecimento, dependência de álcool e drogas. A pessoa consegue melhorar, passa por uma fase mais agradável, depois sofre uma recaída. E, às vezes, a história se repete interminavelmente.

O medo desproporcional de dirigir um automóvel pode levar a pessoa a desistir de tentar. Mas é importante sublinhar que todas as tentativas são válidas, e em cada tentativa se aprende um pouco mais sobre si mesmo, sobre como lidar com medos e angústias inerentes ao ser humano. Eliminar o objeto (carro) que causa a fobia não faz desaparecer a insegurança, o desconforto e as sensações desagradáveis. A insegurança e o desconforto fazem parte do viver, acompanham diversas circunstâncias da vida. Todos temem: temem perder coisas, perder pessoas, perder a sensação de segurança, etc. O interessante é refletir sobre os problemas e mudar a forma de se relacionar com eles, passar a se relacionar com seus medos de uma forma diferente, nova, original (diferente da antiga, da conhecida).

Como o medo tem a função de proteger, estabelece um limite que diz: "Pare!". Então pode-se perguntar se esse limite está sendo restrito demais na vida. Pode-se questionar sobre a possibilidade de esse limite ser mudado ou reformulado. Ele está antigo demais e já está sendo uma armadilha contra uma vida repleta de possibilidades. Será que esse limite chamado medo não está excluindo as potencialidades que não estão conseguindo aparecer?

Outra questão: como se explica o fato de que todas as vezes em que tem a oportunidade de se libertar do medo e de sentir prazer em dirigir, a pessoa adoece? O prazer pode ser ameaçador e pode promover um rompimento do modelo mental antigo e conhecido. Diante da possibilidade de prazer, a pessoa libera a angústia reprimida (do passado). Talvez no passado não pôde ter prazer porque ele gerava culpa. Então a pessoa fica na armadilha: não consegue se abrir ao novo e experimentar a felicidade. Reclama, vive insatisfeita numa situação que parece sem saída.

O passageiro é dependente de alguém que dirige para ele, e aqui se estabelece uma relação de filho pequeno. Ele foi assim no passado com os pais. Continua assim. Essa posição traduz conforto. Os outros fazem as coisas para ele, ele é conduzido para os lugares e não precisa tomar a iniciativa. Sente-se querido e ainda pequeno para enfrentar a direção da vida. Não conquistou o seu lugar ou ainda não sabe qual é o seu lugar. É o sujeito sem identidade, excluído, culpado. Ao mesmo tempo em que ele se cobra para esclarecer qual é o seu lugar, as outras pessoas também o cobram. A culpa nada mais é do que a reafirmação daquilo que a pessoa acredita que é: sem identidade. Não consegue sair dessa situação porque tem medo da mudança, é mais cômodo manter a subjetividade com essa organização estável, sendo o passageiro e não o motorista. Tornar-se o motorista não será uma mudança assustadora, mais difícil ainda do que ficar na mesma? Essa é a pergunta que demonstra o temor e a tendência forte de ficar na mesma posição.

Contudo, as defesas são dinâmicas, assim como a vida é dinâmica, e os mecanismos mentais podem mudar, podem criar e, então, outra configuração mental poderá surgir.

Existem pessoas que não conseguem entrar em lugares fechados, pois começam a passar mal. O que há de ruim no lugar? Nada. É um problema interno: é um fantasma que atua na vida da pessoa. O mesmo ocorre com o carro. Não é o carro. O carro pode ser eliminado, mas o sentimento em relação ao carro permanece. Tenta-se eliminar o sentimento ruim e fingir que está tudo bem, mas ele permanece ali (na memória). Todas as experiências são vivenciadas e registradas na memória. A pessoa pode não querer falar sobre isso, mas o sentimento existe. A pessoa pode resolver dirigir ou não, mas o sentimento existe.

O medo intenso do carro abre a possibilidade de pensar mais sobre si mesmo. Se há esse medo, que tem a sua expressão no automóvel, como será que está a vida emocional? Quais as emoções que estão assustando? Como estão os relacionamentos? O que é temido nos relacionamentos? Os relacionamentos geram medo: de perder a pessoa amada, de não ser querido, etc.

Cito, por exemplo, uma pessoa com medo da figura autoritária representada pelo pai, pelo professor ou pelo chefe. Diante dessas pessoas, ela vai assumir uma postura mais submissa com uma grande necessidade de corresponder, de desempenhar um bom papel. Se a pessoa deixar de ser submissa, o que fará com a liberdade? O medo de enfrentar a vida pode levar a uma submissão como uma forma de organizar a vida interna e externa. Como chegar a ser ela mesma?

Para ocorrer alguma mudança interna é preciso entrar em contato com as frustrações, o que significa ampliar a visão sobre assuntos difíceis de serem tocados. Se alguém tem um desejo (como o de dirigir, por exemplo), que encara como irrealizável e introjeta a imagem de doente (de paciente fóbico), fixa-se nesse desejo que considera irrealizável. Então haverá uma limitação séria de possibilidades, porque o pressuposto não é correto. Esse não é um paciente fóbico. Deram-lhe essa classificação, certa vez, e ele acreditou sem questionamentos, simplesmente se enquadrou e construiu um pensamento equivocado sobre si mesmo, pensamento este estabelecido por uma sociedade e por famílias com padrões de loucura e sanidade bastante discutíveis. Vamos refletir sobre isso no próximo item.

Depoimento

Sou muito preocupada com o que os outros vão pensar de mim
I.M.F.P., assistente administrativa, 30 anos

Os meus irmãos dirigem. Os meus pais e as minhas irmãs não dirigem. Não sei se as minhas irmãs têm medo de dirigir. Elas ainda não tentaram. Eu conheço várias pessoas com medo de dirigir. Conheço uma pessoa que ficou com a carta dez anos sem dirigir. Depois de viúva, essa pessoa conseguiu vencer o medo. Uma outra pega o carro apenas esporadicamente se não tiver outro jeito e se for uma situação de emergência.

Eu estou tentando dirigir. Estou fazendo aulas, mas não consigo me sentir segura. Eu tirei a minha carta aos 28 anos. Deixei na gaveta e só agora resolvi entrar em uma escola especializada para pessoas habilitadas que têm medo de dirigir. Não contei para ninguém porque se eu não conseguir superar o medo, não quero cobranças. Sou muito preocupada com o que os outros vão pensar de mim.

É importante eu dirigir para levar a minha filha aos lugares, por isso estou tentando. Eu tenho os meus outros medos. Tenho medo da morte e da velhice. Tenho medo da violência e de que aconteça alguma coisa ruim com a minha filhinha de um ano.

Nem eu mesma sei sobre o meu medo. Parece que são bobeiras, como o medo de não conseguir parar o carro, o medo de parar o carro e não conseguir sair na subida, etc. Na verdade, na ocasião em que tirei a carta, não me permiti tentar superar esses medos. Eu me acomodei. Agora estou tentando, mas não sei se vou conseguir.

Viver dá medo?

Quando pensamos sobre os medos, pensamos sobre a vida. Viver dá medo. O que é viver? Viver é estar num mundo inseguro e estranho, exterior e interiormente. Quantas vezes as pessoas se perguntam o que querem e se sentem perdidas? Quantas vezes as pessoas estranham as mudanças no mundo exterior e isso afeta suas vidas? A existência parece estranha. Existir causa um estranhamento. Esse estranhamento dá medo. A angústia existencial surge sem motivo determinado. É a angústia do existir. Em meio à angústia, todas as coisas do mundo são desprovidas de importância. É uma crise de sentido diante de um profundo sentimento de estranheza.

O ser humano perdido sente-se sem valor, e assim vê o mundo à sua volta. Sente medo de ficar louco, de não conseguir prosseguir com a vida cotidiana. Medo de não agüentar seus próprios pensamentos e sentimentos fortes. Medo do vazio da existência e, depois desse mergulho tão profundo, como conseguir voltar para a vida cotidiana? Ir ao abismo e voltar dá medo. Até onde se pode ir? Quais são os limites dos meus pensamentos e sensações? A imaginação vai além, mas não é isso o que o ser humano procura, algo além de si mesmo, o transcendente?

As pressões sociais levam o ser humano a uma vida banal. As preocupações do cotidiano desviam-no de si mesmo. Assim, ele se aliena de si mesmo. A angústia revela uma oportunidade de encontro com o transcendente. O transcendente na angústia, no amor, na amizade, no trabalho, etc. pode gerar o medo. Medo de que as coisas mudem, medo da transformação, medo de sentir o diferente, de revelações perturbadoras, de novas experiências, não no sentido de mudanças externas, de emprego, de casamento, de faculdade, mas no sentido existencial, interior e pessoal. Podemos sentir e pensar muitas coisas diferentes o tempo todo. O tempo todo somos alterados por circunstâncias que provocam diferentes reações em nós.

O sentir-se perdido e solitário é um momento de questionamento importante para pensar sobre o próprio destino. Os momentos de reflexão geram medo quando se está acostumado com um lazer consumista e com uma vida mecânica e esquemática. Sair desse senso comum traduz uma outra sensação. É como viajar para um lugar isolado e silencioso. A pessoa não terá os estímulos do movimento das grandes cidades. Poderá estranhar e sentir medo. Medo do silêncio, de uma nova experiência, da tristeza, da reflexão. Medo do contato profundo consigo mesmo. Medo do escuro da noite e das sensações que isso provoca. Medo de passar por uma experiência fora de seus esquemas habituais. Medo de não sobreviver a essa experiência, que pode ser terrível simplesmente por ser fora do comum. Medo da falta de vida, da falta de estímulos, da insatisfação, da angústia e da morte.

Lembro-me de que em determinada palestra para um grupo de idosos, o tema era "medos". Em uma dinâmica de grupo, vários idosos falaram sobre seus medos. Já quase no final de nossa atividade, surgiu o assunto sobre a morte. Uma senhora sugeriu que não terminássemos aquele encontro falando sobre a morte e sim sobre algo alegre e descontraído. Pensei naquele momento o quanto era difícil falar sobre a morte e, ao mesmo tempo, o quanto era importante tratar do assunto.

A consciência da morte ou de nossa finitude pode enriquecer nosso amor pela vida. Quando pensamos na morte, podemos valorizar a vida e sentir a importância de desfrutar cada instante. Mas é difícil pensar sobre a morte e chegar perto dela em vários momentos da vida. As transformações sucessivas no corpo e na mente nos remetem ao contato com a morte. O envelhecimento é o contato com a morte. Quando o envelhecimento físico passa a ser insuportável, a pessoa resolve fazer cirurgias plásticas pela própria dificuldade de se olhar mais velha. Na verdade, o que mais abala a auto-estima não é o envelhecer do corpo, mas o envelhecer da mente, a mente sem iniciativa para participar de novos desafios, a mente cheia de sonhos desfeitos, ilusões perdidas e expectativas frustradas. Tudo isso empalidece a vida se as reflexões não forem suficientes para estimulá-la. Se há depressão e um medo de enfrentar um novo projeto de vida, esta pode estacionar, e a estagnação tomar conta da existência.

No entanto, a vida ou o instinto de vida, o espírito alegre e os aspectos criativos da personalidade podem ajudar na superação das fases difíceis. As crises são oportunidades para reflexão, e surgem quando morre uma fase da vida, seguida de outra que se inicia. Vida e morte.

As situações incertas e inesperadas surgem a todo momento na vida. Não se sabe do dia seguinte. Não sabemos quando vamos morrer, quando as pessoas queridas ao nosso lado vão morrer, quando vamos perder o emprego, e muitas outras situações sobre as quais não temos controle. Aquilo que não controlamos nos dá medo.

Quando estamos dirigindo um automóvel, não sabemos o que os outros motoristas vão fazer. De que forma eles vão dirigir? Do mesmo modo, quando amamos alguém, não temos controle sobre a vida, as emoções e os pensamentos da pessoa.

O medo do amor, da paixão, da entrega sem garantia, do envolvimento forte expõe o indivíduo a uma série de incertezas. O que vai acontecer? Ele gosta de mim? E se o relacionamento não der certo? Quando se casa, há medo de o casamento não durar, medo de não gostar mais e perder a graça. Quando ter filhos? Como educá-los? Estamos preparados para eles, para a educação deles e para as mudanças no nosso relacionamento?

O medo de mergulhar na vida e enfrentar todos os problemas é real, existe e ocorre boa parte do tempo. Há muitas formas de fuga para não pensar sobre os problemas, como um simples passeio ao shopping. Mas, horas depois disso, o medo aparece de novo e somos solicitados a resolver a nova situação que nos provoca algum mal-estar.

O mal-estar é autêntico, é a essência do ser humano. O contrário disso é a ilusão. Muitas pessoas entregam-se a uma euforia por medo da tristeza. Elas são obrigatoriamente alegres. Parece que elas encarnam uma missão na vida: serem alegres o tempo todo. A ansiedade é forte, e elas necessitam mostrar uma alegria ansiosa. Na verdade, não é uma alegria; é uma ansiedade por estar bem. É que as pessoas aprendem na educação que é proibido ficar triste. Todos têm de ser alegres, e, se uma pessoa está mais recolhida num canto, é tão preocupante que causa um mal-estar em todo mundo. Todos estranham e começam a perguntar se a pessoa está doente, querem saber por que está tão quieta, querem fazer o possível para reanimar a pessoa. Imediatamente, doses de injeção de ânimo são recomendadas para esse indivíduo que, na verdade, passa a se sentir bem estranho. Estou doente? Não posso ficar assim? Devo ficar alegre? Mas o que estou sentindo de verdade? O indivíduo é afastado de si porque é proibido ficar triste.

A vida torna-se rotina frívola e sem graça quando não há espaço interno e externo para que apareçam o medo, as angústias, as tristezas e todas as emoções incomuns. As pessoas estão muito acostumadas com o cotidiano, com o mesmo ritmo do viver consigo mesmas daquele mesmo jeito sem mudanças.

Lembro-me de um show de um artista famoso em que ele cantava algumas músicas diferentes, desconhecidas do grande público. De repente, um rapaz no público gritou para que ele cantasse uma música conhecida. Ele parou o show para dar uma bronca no público e falou que as pessoas não conseguem perceber o "diferente", querem tudo sempre igual porque vivem numa rotina "bestializante" e por isso o país não muda... o público calou-se e assistimos a um show bastante incomum e interessante.

Vamos pensar a respeito de um trabalhador que tem uma rotina de trabalho de segunda a sexta, das 9 às 18 horas. Ele tem férias uma vez por ano. Está há muitos anos nessa luta diária para ganhar seu dinheiro, sustentar a si e a sua família. Evidentemente surgirá o cansaço, a insatisfação, a angústia, a necessidade de recolhimento para procurar o seu eu mais profundo, etc. Se, na sua vida, além da obrigatoriedade do trabalho, terá de sustentar ainda a obrigatoriedade da alegria diária, então é um ser humano ou um robô? Manter uma alegria o tempo todo é uma escravidão, e o indivíduo faz essa tentativa por medo do que os outros vão pensar, para não deixar a família preocupada com suas angústias ou para fugir de si mesmo. Se não pode viver sua tristeza ou momentos de recolhimento, procurará transcender de outra forma por meio do álcool, das drogas ou formas de banalização sexual. Acha que está tenso e tentará se soltar, relaxar. Busca o prazer porque a vida está muito desprazerosa.

Mas é preciso que as pessoas se perguntem o que estão fazendo com as suas vidas. Quais os medos? Quais os problemas? Quais as formas de encontrar saídas para uma vida mais feliz? Posso reformular minha vida? O medo de não dar conta da vida é muito grande.

Em uma sociedade consumista, os bens materiais passam a ter uma importância significativa. O dinheiro passa a reger a vida em primeiro lugar, inclusive se deixa de pensar em estudos para concentrar a mente na busca pelo trabalho rápido e lucrativo.

O aumento do número dos profissionais do sexo chama a atenção para o fato de que o proibido e excitante do prazer é agora muito corriqueiro. O sexo não tem a condição de divindade, de magia, de sagrado e de intocável. O sexo não tem o lugar de elementos repressores ou ameaçadores repletos de punições. Qual é, então, o lugar do sexo, ou mais especificamente, do ser humano em relação à sua intimidade sexual? Será que não somente a sexualidade, mas a vida do ser humano tornou-se banal?

Há uma aparente liberdade sexual que, na verdade, é uma gigante prisão mental. Todas as fantasias podem ser realizadas com liberdade, mas será que a cabeça está tão presa à satisfação imediata que não consegue ampliar-se de outras formas? Todas as fantasias podem ser realizadas ou o lugar delas é na mente? O medo de não ser aceito por uma sociedade que respira os jogos eróticos faz o indivíduo acreditar que esse é o único caminho a ser seguido. Os atos impulsivos são a tônica de uma sociedade que não pensa. O medo de pensar e de falar sobre sexo norteiam as relações amorosas.

Em certa ocasião, fiz uma dinâmica de grupo com jovens abordando o tema sexualidade. Uma jovem se manifestou, pois gostaria de discutir sobre sexo e amizade. Tivemos uma conversa muito proveitosa para eles, e resolvi fazer mais dinâmicas. Em todas as dinâmicas com esses jovens, pude perceber o quanto era difícil para eles conviver internamente com o desejo sexual. Conviver com o prazer, com a excitação e com o encantamento. Mais difícil ainda era refletir a esse respeito.

As pessoas não têm o hábito de refletir sobre desejo sexual, acham que sentem desejo e imediatamente devem partir para a satisfação. Quando se fala sobre desejo sexual, parece estar se falando sobre algo proibido. O desejo sexual é natural em todas as pessoas, mas difícil de ser abordado porque revela a intimidade e a profundidade das emoções.

Então coloquei para o grupo que uma coisa é falar e imaginar sobre o assunto, outra coisa é realizar concretamente. Podemos conversar com as pessoas sobre isso sem partir para o ato sexual. É importante as pessoas conversarem sobre o que estão sentindo. A vida sexual é algo mais amplo do que a relação genital. A vida sexual compreende todos os processos psíquicos, como: esperanças, medos, atrações, repulsas, ternura, ansiedade, agressividade. Tudo isso são emoções sexuais. Na verdade, havia um medo do surgimento de fortes emoções. Qual era o medo? O medo de abalar o equilíbrio interno. Esse equilíbrio é tudo aquilo que está arrumado dentro de nós.

Já pensou bagunçar a mente e o coração com uma nova sensação, com um sentimento estranho e desconhecido? Quando entra algo novo na pessoa, ela é obrigada a pensar e a reconhecer-se "balançada". Muitas vezes, o ato de pensar implica na tomada de decisões difíceis. Então é mais cômodo bloquear a chegada de tal emoção. Mas se há bloqueio, não há questionamento e não há crescimento pessoal.

Então, a questão de nossa discussão não era como apontou a jovem inicialmente (que o desejo sexual acaba com uma amizade) e, sim, como conviver com o desejo sexual com mais naturalidade e com menos ansiedade.

É possível refletir sobre todas as emoções que brotam nas pessoas. Esse espaço para reflexão é importante porque é uma opção de autoconhecimento dentro de uma sociedade bastante dominada pelo imediatismo. A satisfação imediata é sinônimo de felicidade nessa sociedade de sexo no primeiro encontro, de busca por um sucesso profissional repentino, de remédios milagrosos que fazem emagrecer em pouco tempo. É uma sociedade que sustenta uma crença de que a felicidade é a expansão narcisista dos acontecimentos da vida, como por exemplo: "Sou mãe, então tenho tudo e estou realizada; sou modelo, então sou bonita e estou realizada".

A realização plena não existe. Sempre faltará algo. O lugar da falta é preenchido pelo sonho. O medo de sonhar e de fantasiar talvez seja um medo bastante problemático, à medida que retira do indivíduo a sua condição transcendente. Fantasia-se muito em torno da idéia de realização do desejo sexual, quando há concretização perde a graça. Qual o motivo de ter perdido a graça? É porque agora não precisa mais sonhar, o sonho já se tornou realidade. É importante conviver com a falta para não perder o sonho, para abrir espaço para a imaginação e para o pensamento. Se a pessoa realiza todos os desejos impulsivamente para que nada lhe falte, a vida perde o sentido. A vida só é bonita porque algo nos falta e porque não temos a ilusão de que alguém vai nos preencher completamente. O desejo é movimento, e não realização. O desejo insatisfeito é motor do sonho. Sonhar é saudável, e a única forma de manter o desejo é não satisfazê-lo. Ele é vida, e não morte. Trataremos mais dessa questão em outros capítulos.

Depoimento

O carro representa, para mim, quase uma arma
F.B., 49 anos, funcionária pública

O carro representa, para mim, quase uma arma. Aos 18 anos eu morava no interior, não tinha dinheiro e não achava que poderia ter um carro. Quando cheguei em São Paulo, fui trabalhar como bancária, consegui fazer minha faculdade e comprei um apartamento. Eu via as minhas amigas que dirigiam para todos os lugares e queria passar por essa experiência. Então resolvi tirar minha CNH.

Foi aos 47 anos que tirei minha carta. Mas não consigo dirigir no trânsito de São Paulo. No interior eu dirijo. Até já dirigi na estrada, levando amigas no carro. Fui até o Estado do Paraná. Só de pensar em pegar o carro e sair pelas ruas de São Paulo, sinto calafrios. Eu me apavoro só de imaginar ter de mudar de faixa de cá para lá e entrar em outras ruas.

Tenho a impressão de que o carro não vai caber no espaço pequeno das ruas e que ninguém vai me esperar entrar. Quando vejo uma moto ao meu lado, fico ainda mais tensa, rezando para que ela vá logo embora.

Tudo se complica mais quando alguém dá aquela buzinada. Sinto que estou atrapalhando todo mundo e não sei o que fazer. Acabo entrando em pânico total. Meu carro, atualmente, está na garagem da casa de uma amiga. Não dirijo desde janeiro deste ano. Preciso fazer muitas aulas no trânsito com um instrutor para conhecer mais o carro e dominá-lo. Se isso não for suficiente, eu gostaria de tentar cursos, como yoga e psicoterapia.

Eu tenho um trauma de infância: quando tinha dez anos, vi o meu pai ser atropelado. Isso me marcou, mas na minha vida já superei muitos problemas. Eu tinha medo de falar em público.

Venci o problema encarando-o de frente: primeiro fui trabalhar em um Banco, lidando com o público, e depois de formada na faculdade, encarei a sala de aula, lecionando nas escolas. Essas duas profissões ajudaram muito na minha libertação. Da mesma maneira superei o medo de andar de bicicleta e o medo de avião. E vou superar também o medo de dirigir!

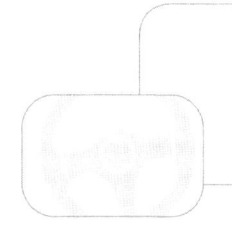

Sanidade e loucura

Em determinada ocasião, fui para uma entrevista de emprego. Chegando lá, notei certa confusão de pessoas e muita desinformação na recepção. Descobri que eram cerca de 30 pessoas selecionadas para uma dinâmica de grupo. Essa dinâmica não foi avisada a nenhum candidato, e foi utilizada como único instrumento de seleção.

Foi uma situação tensa, competitiva, desagradável e de agressividade para todos. E, além de não termos sido avisados sobre a dinâmica, não fomos informados sobre as vagas nem sobre os resultados finais da dinâmica, que foi longa e exaustiva. Quais os critérios para a exclusão de um profissional? Depois fiquei sabendo que foram excluídos aqueles que não conseguiram integrar-se ao grupo, que tiveram algum descontrole de ansiedade e algum desvio de comportamento fora do padrão estabelecido. Foram excluídos também candidatos com síndrome de pânico, depressão, Aids e também os negros.

Inúmeras situações desse tipo ocorrem, e esse exemplo nos faz pensar em parâmetros de loucura e sanidade, exclusão e inclusão ao longo da história. A personalidade do indivíduo é formada à luz de determinados parâmetros estabelecidos pela família e pela sociedade. Tais parâmetros são permeados por inúmeras fantasias e preconceitos. O que é o louco? Seria o diferente da maioria? O que é a sanidade? Seria o indivíduo enquadrado nos limites familiares ou nos padrões aceitos socialmente? Historicamente, pode-se constatar que o homem sempre lutou contra a doença (loucura) como um inimigo a ser combatido.

Na Idade Média, os doentes mentais vagavam livremente pelas cidades e pelos campos sem paradeiro fixo. A loucura não era um problema social. Porém, quando eram muito violentos, eram levados a prisões comuns, instituições para pobres ou hospitais gerais. O hospital era um instrumento de exclusão, de assistência espiritual e não era concebido como instituição médica com fins de cura.

Somente em meados do século XVIII, os hospitais passam a assumir a função médica. No século XVII, os loucos eram levados como desocupados para instituições de isolamento ou casas de força (*workhouses*). As crianças abandonadas e as prostitutas também tinham o mesmo destino. Eram tratados como inadaptados socialmente e a doença mental era considerada um desvio social, e até um crime.

Na Idade Moderna, passa a predominar o olhar médico e científico, visando o tratamento das doenças. De um lado havia um tratamento moral com isolamento da sociedade e medidas educativas; de outro, havia pesquisas científicas e de remédios, o progresso tecnológico, a classificação das doenças, os testes psicológicos entre outros.

Em suma, ao longo da história, notam-se modificações na forma do entendimento da loucura e da sanidade, bem como modificações na forma de tratamento dos doentes. Na Idade Média, a loucura era vista como divina (predição das coisas) e até demoníaca (bruxarias, feitiços). O tratamento consistia em sangrias, purgações, vomitórios, etc.

No século XVII, continua o processo de exclusão e são traçados planos racionais para cuidar dos loucos. A loucura era entendida como má vontade, o homem deveria ser virtuoso e não preguiçoso, deprimido. Havia uma tônica moralista. Será que até hoje a sociedade pensa assim? Ou será que há, atualmente, uma nova cultura que questiona o manicômio e tenta resgatar a liberdade do indivíduo?

A doença não seria a própria instituição (hospital) que exerce um controle sobre o indivíduo? De acordo com o filósofo Foucault: "A doença só tem realidade e valor de doença no interior de uma cultura que a reconhece como tal". Em outras palavras, não será o louco justamente alguém que a sociedade não quis ouvir, e a loucura, uma espécie de direito à singularidade? Em todos os grupos há um enquadramento do indivíduo e, portanto, um enquadramento das emoções. A partir do momento em que se entra no grupo, já se recebe o crachá de enquadramento.

Cito como exemplo de grupo a família. O inconsciente familiar encarrega-se de rotular cada membro como uma espécie de crachá ou cartão de ponto para entrar na fábrica. Cada indivíduo passa a representar um papel rígido, imutável, que certamente lhe caberá para o resto da vida. É comum os pais falarem a respeito de seus filhos ainda pequenos: "Esse aqui é tão tímido, e o outro é esperto". Esse tipo de comentário ocorre freqüentemente em grupos de amigos em que os filhos estão presentes. Conseqüentemente, os filhos ficam confusos e chateados com tal comparação, já que necessitam da aprovação dos pais e também necessitam ser aceitos como são. O filho rotulado como tímido acaba por convencer-se de que terá muita dificuldade na vida, e o que foi rotulado como esperto nutre a convicção do sucesso na vida. São inúmeras as categorias de classificação: belo/feio, burro/inteligente, quieto/bagunceiro. Mas o interessante é refletir sobre a perversão familiar: a exclusão de um indivíduo em favor de outro e a resistência à mudança em favor da padronização preconceituosa.

Há indivíduos que não conseguiram expandir todo o seu potencial criativo porque ficaram presos e profundamente marcados pelos rótulos preconceituosos da família. Os padrões de comportamento restritos e sem reflexão determinam um indivíduo rebaixado no que diz respeito à sua criatividade e originalidade.

A chamada "família unida", considerada ideal, adaptada, harmoniosa, pode significar um sustentáculo inconsciente de muitas formas de preconceito. A falta de mobilidade familiar advinda de uma extrema rigidez moral gera a loucura – compreendida como um estado em que o indivíduo não se apresenta capaz de mudar, repensar, exercitar o senso crítico. Se o objetivo da família (e de todos os grupos, em geral, como as empresas) é a uniformização gregária, como cada indivíduo conseguirá adquirir autonomia?

Nas famílias fortemente religiosas, fugir de tal tradição é ser rotulado de louco, pecador e anormal. Será que o "auto-de-fé" ainda da predomina na essência de várias famílias e no inconsciente coletivo da sociedade? Segundo Nazário, "o 'auto-de-fé' era um gigantesco festival público planejado pela Inquisição. Nesse festival, reuniam-se o rei, a corte e os líderes da sociedade. Havia um sermão pregado por um dos maiores oradores eclesiásticos de Portugal. Tudo isso para culpar um indivíduo herege relapso. A queima do indivíduo confirmava para todos a existência do inferno, aterrorizava o povo e, nessa comunhão mística, a fé provava sua verdade e poder".

O que acontecia com o indivíduo que não se comportava de acordo com normas, regras, ritos e tradições estabelecidas? Era o seu fim: morte moral, social e física.

Depoimento

Nas sessões de terapia eu descobri que tinha medo de enfrentar a vida
S.R.P., 42 anos, auxiliar de cabeleireira

Somente aos 40 anos tirei a minha carta. Aos 18 anos fiz a parte teórica na auto-escola, mas na hora de pegar o carro, senti muito medo e desisti. Apenas agora, com um atendimento psicológico, consegui dirigir regularmente.

Nas sessões de terapia eu descobri que tinha medo de enfrentar a vida, medo de estar sozinha, medo de encarar o trabalho. Eu descobri os meus medos e, ao descobri-los, consegui mostrar as minhas capacidades. Eu nunca me imaginava dirigindo. Eu não tinha essa auto-imagem. Eu me imaginava sempre pegando ônibus, em vez de dirigindo. Eu pensava que assim minha vida estava boa, o ônibus era bom e eu morava perto do metrô. Eu pegava metrô sem problemas. Eu não sabia que por trás disso estava oculta uma sensação de incapacidade para dirigir.

No início, o psicólogo me levou para dirigir numa praça. Depois dirigi em ruas, avenidas, estradas e rodovias. Eu tinha pânico de subida. Até que um dia meu filho passou mal e tive que levá-lo ao médico. Foi só tremedeira, mas enfrentei. Hoje, vou normalmente ao trabalho de carro, dou carona para minhas amigas. Dirijo na estrada, faço as minhas viagens. Gosto de dirigir.

A culpa

A questão da culpa enraizada, histórica, cultuada ao longo dos anos é o elemento desencadeador da alienação e da falta de autonomia. A mente aprisionada por regras preconceituosas é também expressão de tédio. Como escapar do tédio? Pelo sadomasoquismo. O "auto-de-fé" tinha a seguinte conotação: uma ocasião especial em que os indivíduos reuniam-se com prazer para ver o outro sofrer e morrer.

Observam-se, atualmente, várias formas de exploração do ser humano, entre elas, os programas de TV sensacionalistas, seduzindo pela violência e sexualidade; a fofoca maldosa sobre o outro como forma de prazer, gozo sexual, superioridade, poder de destruição. Qual é, então, o sentimento que permeia as relações humanas? O sentimento de alegria em função da destruição do outro. O alívio ao constatar: "Ele foi incorreto, está pagando pelos pecados, mas eu estou correto".

Essa é a fraternidade e a humanidade instalada entre os indivíduos: a vontade de ver o outro fazer algo considerado incorreto para que possa afirmar-se correto e, assim, obter prazer. O assunto que abrange a temática da incorreção do outro passa a ser repetido como uma fofoca interminável; a cada comentário, renova-se o prazer: "Você viu o que o fulano fez?". Os grupos ou instituições exercem um controle social inconsciente que desabrocha na perversidade humana. É o controle oculto que esmaga cada indivíduo, fazendo-o incorporar-se à massa.

Nas famílias, pouco é aprendido sobre noções de individualidade, privacidade e respeito. Aprendemos que somos todos um, sem diferenciação. Esse ideal do "somos todos um" oferece a ilusão de que estamos todos protegidos por uma harmonia e não temos problemas. Certamente, esse é o ideal que agrada famílias, empresas, escolas, etc.

Nas empresas, a adequação dos indivíduos à rotina, a aceitação de um desgaste físico e mental num nível desumano fere a liberdade e o sentido da vida. Diante do trabalho alienado nas empresas, onde está a liberdade do indivíduo?

Como disse Marcuse, "Sob o domínio do princípio do desempenho, o corpo e a mente passam a ser instrumentos de trabalho alienado; só podem funcionar como tais instrumentos se renunciam à liberdade do sujeito. O controle básico do tempo do ócio é realizado pela própria duração do tempo de trabalho. A sociedade só permite uma felicidade controlada. As forças libidinais estão a favor da preservação da sociedade."

A regra "somos todos um" precisa ser seguida em favor da preservação da família e da sociedade. Esse "um" não é uma união patológica e simbiótica? Uma necessidade de volta ao útero materno para fugir de si e fazer parte de uma massa indiferenciada?

Se o indivíduo se expressa de forma diferente da maioria (do senso comum), abre-se o caminho de ameaça da estrutura familiar. Suas idéias diferentes e seu jeito de ser diferente abalarão a estrutura familiar. É eleito o culpado: "Ele gerou a desordem na família". A família entende o diferente como desamor. E implora: "Não seja diferente, colabore, nós o amamos tanto e você surge com esse desamor por nós!". Vários nomes são dados ao indivíduo diferente: rebelde, louco, antipático, incorreto, imoral, ateu, etc. Mas não se pensa em dar outros nomes: criativo, inteligente, questionador, original, singular. Ninguém chega a se conhecer, há apenas uma aplicação de rótulos uns aos outros.

Como diz Jolivet, "As coisas podem ser o que forem; elas não possuem estabilidade alguma. Só há de estável na existência aquilo que colocamos nela. Essa revelação impõe-nos a idéia ou o sentimento de que tudo pode acontecer, que não há quadros fixos e invariáveis; que o espaço e o tempo são elásticos e moles; que há apenas a existência, que é algo absolutamente gratuito."

Quem tem medo do questionamento, da liberdade e da loucura? Quem tem medo de questionar valores morais? Quem tem medo da instabilidade? O filósofo Nietzsche coloca-nos diante de uma reflexão interessante: toda tentativa de organização racional do mundo consiste em um conjunto de valores estabelecidos pelo próprio homem. No entanto, não são valores eternos. O que existe é a contingência de fenômenos históricos. A verdade absoluta é questionável, mas o ser humano a procura desesperadamente.

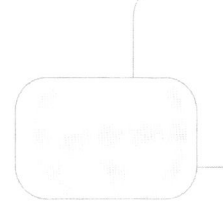

Não somos uma só pessoa

As instituições procuram apoiar-se numa verdade absoluta, os casamentos e a maioria dos relacionamentos acabam por enquadrar-se dessa forma. Todo grupo tem uma função de organizar, regular e controlar. A finalidade é o equilíbrio da sociedade e da personalidade. Vamos imaginar que uma pessoa não seja uma só. Uma pessoa é várias pessoas. Loucura?

Não é loucura. É isso o que somos. Nós não somos uma só pessoa e não somos nem estamos sempre do mesmo jeito, nós somos várias pessoas diferentes que têm reações diferentes (jeitos diferentes) de acordo com as circunstâncias, com os ambientes, com os papéis que desempenhamos, com o estado de espírito, enfim, com as variáveis. Em determinado lugar, o indivíduo pode estar tímido e, em outro, mais extrovertido. Em seu trabalho pode parecer calmo, em sua vida diária pode ser muito agitado. Portanto, somos vários e não um só.

A sociedade nos faz acreditar que somos uma só pessoa com características estáveis, fixas, eternas. Quem é diferente disso é patológico e necessita de tratamento psiquiátrico, podendo ser chamado de esquizofrênico. Justamente porque, se o ser humano for muitos e não um só, como controlá-lo?

As instituições exercem uma dominação em relação ao indivíduo, oferecendo-lhe a idéia de segurança. Não apenas a segurança de um bom ambiente de trabalho, de um salário fixo, etc., mas a segurança emocional: o domínio sobre a personalidade de modo a moldá-la para ser uma só pessoa e manifestar somente um tipo de comportamento. Esse tipo de comportamento seria o correto, o ideal que deve ser seguido.

A instituição "família" possui certas características que valem também para outras instituições e grupos em geral, com o propósito de salvar os indivíduos de um mundo hostil e moldá-los a um tipo de comportamento ideal bastante aceito socialmente. Essas instituições:

- fazem grandes comemorações ritualísticas em forma de espetáculos e festas;
- promovem o sentimento de culpa;
- desenvolvem relações de proteção, possessividade e dependência;
- propõem uma negação da angústia em favor da falsa harmonia de um lar bem estruturado e sem conflitos;
- estabelecem regras fixas e imutáveis, não permitindo inovações;
- manipulam constantemente pensamentos e ações em favor da unidade familiar;
- promovem a assexualidade, ou seja, a eliminação do desejo sexual do indivíduo em favor da harmonia familiar e fraterna do grupo.

Romper os padrões do lar protetor ou do emprego protetor pode gerar insegurança e culpa. Romper não significa, necessariamente, deixar a família e deixar o emprego, mas mudar o olhar sobre as coisas. É uma mudança interna na forma de pensar e de agir.

A culpa é aquela sensação de estar em falta com os outros ou de não ter se sacrificado o bastante pelo outro. A culpa cumpre a função de afastar o indivíduo de si mesmo e de promover a sua relação com a massa. O amor familiar e o amor pela instituição é traduzido pelo sentimento de que todos participam das mesmas regras (amor é obediência). Se o pensamento e a ação do indivíduo não estão em concordância com as regras, o círculo é quebrado.

Se houver essa quebra, surge o medo do novo, da mudança, da desestrutura do lar, a insegurança e a sensação de que algo falhou. O círculo institucional perfeito não pode falhar, não pode mudar.

Os grupos não contribuem para a consciência da transitoriedade. Ela acontece o tempo todo, em forma de mudanças internas e externas. A identidade estanque impede a flexibilidade necessária a uma freqüente renovação da percepção.

O ideal de harmonia dos grupos impede o surgimento da angústia e dos medos. A angústia é um momento importante para a busca de singularidade.

A sociedade contemporânea diz que devemos nos esquecer: esqueça de si mesmo, fale assuntos superficiais, tenha um trabalho escravo e um lazer consumista. O dogma grupal de um único ego e de um único inconsciente pode gerar uma sensação de amparo, uma proteção para estruturar a vida e a personalidade.

Com a forte culpa, não há liberdade. Qual é o sentido da vida sem liberdade? A liberdade de escolha, a liberdade de dizer não, a liberdade de não ser a mercadoria do outro por meio de relações possessivas e dominadoras, a liberdade de ser autêntico, enfim, a liberdade de pensamento e ação. Somente com a conquista da liberdade alguém pode decidir de forma autêntica as questões de sua vida. O ser humano extremamente preso aos padrões sociais, familiares e de outros grupos não terá autonomia para decidir o que realmente deseja para si mesmo.

Entrevista

Alessandra Maria de Oliveira Brito, 33 anos
instrutora de trânsito, especializada em medo de dirigir

O medo de dirigir é um problema apenas das pessoas de cidades grandes, ou onde não há tanto trânsito, como no interior, as pessoas também sentem esse medo? Há alguma estatística?
Das pessoas com medo de dirigir que eu atendi, não encontrei ninguém do interior, mas observei que para todos o trânsito não é o principal fator do medo de dirigir. Não sei de estatística, mas posso falar do que observo: de cada cinco alunos habilitados, dois terão problemas para dirigir.

Parece que hoje em dia cresce o número de pessoas com esse medo. Por quê?
Porque dirigir requer preparo, atenção, disciplina e, principalmente, segurança. Qualquer pessoa que não for bem preparada terá problemas. Em geral, o aluno sai da auto-escola sabendo apenas o básico. Quando enfrenta alguma situação diferente sozinho, não sabe resolver, o que causa insegurança e medo. Segundo minha experiência, o principal fator que leva as pessoas a ter medo de dirigir é a falta de conhecimento do carro. O aluno não conhece os comandos e simplesmente não conduz o veículo, mas é conduzido. Quando o aluno é instruído, ele percebe que tem o comando.

Geralmente pessoas com medo de dirigir têm também outros medos?
Essas pessoas, em sua maioria, preocupam-se com o que os outros pensam, tendo medo de ser reprovadas, e sentem vergonha. Porém, pessoas que tiveram incidentes automobilísticos

ficaram com a seqüela do medo de dirigir. Geralmente, pessoas com medo de dirigir têm perfil perfeccionista, mas generalizar é perigoso. Muitas pessoas têm medo por traumas de acidentes com colisão, atropelamentos, etc.

Pessoas com mais idade podem aprender a dirigir? Qual a faixa etária com mais dificuldade?
Pessoas mais idosas, com 70 ou 80 anos, podem aprender, mas é necessário mais cuidado. Uma pessoa dessa faixa etária tem limitações da própria idade, como reflexo mais lento, déficit de visão, mobilidade limitada, etc. E isso tem de ser compensado com atenção redobrada, direção defensiva e antecipação das reações. Curiosamente, as pessoas com mais dificuldade de dirigir têm de 25 a 35 anos de idade. Mas já atendi alunos com mais de 65 anos recém-habilitados. E de cada dez pessoas com medo, sete são mulheres.

Observa-se que pessoas que fazem cursos para superar o medo de dirigir em princípio vencem o bloqueio, mas voltam a ter uma recaída. Por que isso acontece?
Não observei recaídas em meus alunos, mas conheço casos de recaída, pois seus cônjuges ou filhos não davam o devido incentivo, criticavam muito causando mal-estar, gerando o afastamento da direção. Dos alunos que atendi, todos estão dirigindo. Não existe garantia, pois o instrutor sozinho não faz nada, o sucesso depende do aluno. A minha parte é dar bom conhecimento do veículo, de como ele deve ser bem conduzido. Se o aluno não quiser ou estiver sendo coagido por alguém, não existe nada que o faça perder o medo. Ele precisa querer dirigir.

Algumas pessoas evitam dirigir em alguns lugares de muito tráfego, apenas indo aonde acreditam ser mais seguro. Pode-se dizer elas também têm medo de dirigir?
Não, na verdade, essa pessoa tem insegurança. Se ela tivesse medo, nem tiraria o carro da garagem. É o caso também de quem não dirige em estrada, só nas cidades.

Para que se vença esse problema, o que é necessário?
É necessário querer e precisar dirigir, conscientizar-se de que há um problema, e que precisa de ajuda profissional. As pessoas

adiam a procura de ajuda porque acham que o problema não tem solução, julgam-se incapazes e têm vergonha de admitir que não conseguem dirigir.

Há alguém que a emocionou pelo esforço e progresso?
Posso dizer que todos me emocionaram, pois sempre chegam desacreditados, desconfiando de si e, quando percebem, estão dirigindo com enorme destreza. Mesmo alguns alunos preparados ainda têm medo, e eu, particularmente, acho que deva ser um problema de autoconfiança, ou seja, o aluno não crê nele mesmo, na sua própria habilidade. Qualquer terapia é válida para superar isso.

Qual o motivo para alguns instrutores de auto-escolas serem mal-preparados em termos psicológicos? Como isso pode ser melhorado em sua opinião?
Isso depende muito da auto-escola. Eu, por exemplo, não tive problemas. Mas a maioria tem pouco conhecimento dos problemas futuros dos alunos e não se aprofundam nos ensinamentos. Isso só pode ser melhorado com reciclagem constante.

Algum medo de dirigir é saudável, ou seja, a pessoa destemida, por não ter consciência dos riscos que corre, pode envolver-se acidentes?
Sem dúvida, nesse aspecto o medo é saudável. Quando você acha que domina algo 100%, pode ter certeza de que uma hora irá falhar. O medo saudável faz a pessoa ser prudente e dirigir preventivamente, e é isso que evita acidentes.

Como você age com um aluno com medo de dirigir? Há muitas desistências?
Começo com uma conversa informal e vou descobrindo as necessidades de cada um. Depois, saio para dar uma volta com o aluno e observo cada movimento e cada atitude ao volante. Com esses dados, traço um perfil para criar uma aula personalizada. A desistência só acontece antes, pois quando o aluno procura ajuda, já está determinado a seguir em frente.

Entrevista

Cláudio Rodriguez, professor de Educação Física
especializado em fisiologia do exercício pela Unifesp

O que é o medo de nadar? Todos sentem no início?
O medo de nadar é um conjunto de sensações ligadas à defesa da própria vida diante do desconhecido ou de um agente traumático, no caso, a água. Quem nunca nadou ou não teve um passado com água, com brincadeiras, e as que viveram experiências traumáticas têm o mesmo medo, não de nadar, mas do sufocamento provocado pela água. Não são todos os que sentem medo no início do aprendizado. Há uma grande diferença entre os que não sabem nadar tecnicamente, mas têm um passado com água (casa na praia, clubes, lagos, etc.), e os que não sabem e não viveram isso. Os primeiros pela melhor adaptação, brincando, ou seja, em situação de prazer. Os outros passam da situação de falta de experiência diretamente para a piscina. Assim, a entrada do professor na água é fundamental, bem como o envolvimento com o aluno. Em um grupo, percebe-se dificuldades individuais logo nos primeiros exercícios. Os que lidam melhor com esses exercícios, na maioria das vezes, são os que tiveram vivência na água.

Com qualquer idade pode-se aprender a nadar? Quais as dificuldades do idoso?
Sim, com qualquer idade pode-se aprender a nadar, pois o aprendizado na água não depende da idade e sim de aptidão. Há garotos e idosos que não aprendem por falta de aptidão. Claro que há limitações articulares, mais comuns no idoso, mas que não o impedem de aprender, mas, fora isso, as dificuldades são as mesmas do jovem e do adulto. Com a criança já é diferente, pois ela absorve tudo muito rapidamente.

As causas do medo de nadar podem estar relacionadas a traumas passados?
Podem sim, principalmente traumas ligados ao sufocamento, que podem ter ocorrido até fora da água, como quedas na água quando bebê, brincadeiras de prender a respiração do outro dentro ou fora da água, etc.

Quando a pessoa vence o medo de nadar, sente melhora na auto-estima?
Certamente. É uma das mudanças mais agradáveis de se ver. Um novo mundo surge diante da pessoa, ela fica mais bonita, mais confiante. Não sei se é melhor para a pessoa ou para o professor, mas é ótimo observar. O mais interessante nessa situação é a relação que se estabelece entre o professor e o aluno que, na maioria das vezes, é de amizade e admiração mútuas.

Do que depende a superação do medo? Por que alguns conseguem e outros não?
Acho que depende da luta, de exercícios criteriosos que consideram o grau de aptidão do aluno, do envolvimento e cumplicidade com o professor e de ajuda externa, como a psicoterapia, por exemplo. O fato de alguns conseguirem e outros não deve-se ao quanto é importante para ela aprender a nadar e de tudo o que já comentei.

Capítulo 2

A SOCIEDADE EM QUE VIVEMOS

Uma rotina ansiosa

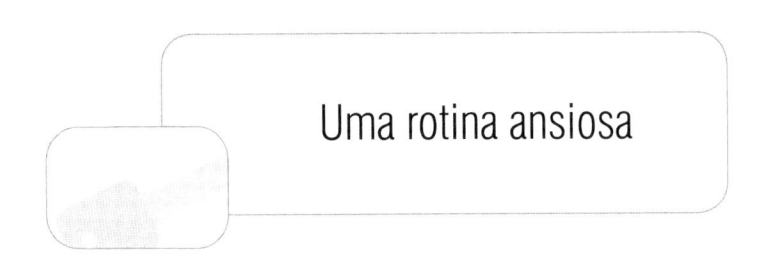

Vivemos em uma sociedade muito ansiosa. As crianças pequenas já têm uma rotina de adulto: todos os dias e horários preenchidos com várias atividades a serem cumpridas.

No ano passado, conheci uma escola de educação infantil de classe média-alta em São Paulo que atende crianças de 2 a 6 anos. Ao conversar com a coordenadora da escola, constatei que o maior problema lá é o das crianças. Elas estão sobrecarregadas de atividades e já chegam à escola cansadas.

Mais recentemente, estive em outro colégio, de classe média, em São Paulo, e observei alguns jovens do ensino médio. Ao conversar com a equipe de profissionais que trabalha no colégio, eles me contaram que o maior problema lá é a indisciplina dos alunos. Eles não respeitam as regras, reclamam e reagem de forma deseducada com todos. Nesse colégio foi constatado que a maioria dos pais não tem tempo para conviver com os filhos. Eles trabalham o dia todo, chegam em casa cansados. No final de semana querem descansar, dão dinheiro para os filhos, e eles saem com os amigos.

Confirmei essa realidade com um pediatra que disse estar atendendo atualmente muitos casos de crianças e jovens com obesidade, gastrite, etc. Confirmei também com psiquiatras e psicanalistas a ocorrência de muitos casos de síndrome do pânico em nossa sociedade. São as doenças da ansiedade. Qual é o equívoco? O que está faltando para que as pessoas tenham qualidade de vida? O equívoco é achar que a pressa é o único caminho. Está faltando o diálogo atencioso e sem pressa.

Depoimento

Tenho pânico quando vou aos lugares que não conheço
M.H.P., 55 anos, vendedora

Eu dirijo há 23 anos. Resolvi tirar minha carta só quando tivesse um carro. Isso ocorreu aos 32 anos.

Vou trabalhar de carro, mas tenho pânico quando vou aos lugares que não conheço. Eu os evito. Se alguém me pede carona e é para ir para algum lugar que desconheço, não dou carona. Evito pegar avenidas como marginal e 23 de Maio. Com isso, acabo não usando o carro para ir a todos os lugares. Vou ao baile a pé, por exemplo.

Uma noite eu queria conhecer uma danceteria em Moema e resolvi ir de carro, para facilitar. Acabou sendo muito complicado porque me deu pânico. Eu me perdi, não sabia mais onde estava, ia para a esquerda, para a direita mas não acertava o caminho. Eu falava para mim mesma: "Calma!". Eu tentava me acalmar, mas senti que tinha perdido a cabeça. Parei o carro para conseguir me acalmar. Acho que tenho síndrome do pânico, pensei. O medo tomou conta de mim e não consegui controlá-lo. Transpirei muito, tremi, senti mal-estar no corpo todo. Nesses momentos eu costumo rezar.

Se estou dirigindo ao lado de uma pessoa que dirige bem, começo a fazer tudo errado. E se, quando errar, perder o controle e bater? Eu vejo na TV os locais de muito trânsito, e muitos carros. Eu fico olhando e pensando sobre o meu medo. Tenho medo de que, repentinamente, eu tenha de fazer uma manobra e bata o carro.

Para me tranqüilizar, coloquei na minha cabeça que o espaço que tenho é só meu. Então vou naquele espaço com o carro. Consegui dominar melhor essa situação de muitos carros, que me apavorava. Em fevereiro do ano passado, tomei um remédio para estresse e depressão. Ao sair com uma amiga, esqueci que tinha tomado o remédio e bebi duas cervejas. Quando fui dirigir, novamente, perdi o controle do carro e subi no canteiro. O pneu furou e andei cerca de 10 quilômetros com o pneu furado. Entrei em pânico.

Tento superar os meus outros medos pensando em Deus. Se preciso viajar de avião e começo a ficar com medo, penso em Deus. Eu queria resolver meu medo de dirigir, mas não sei como. Não consigo vencê-lo.

Eu tenho amigas que não dirigem e que se acomodaram na vida de pegar ônibus. Algumas nem chegaram a tirar carta. Uma delas diz que não quer tirar carta porque é muito desatenta. As pessoas dizem que é melhor e mais seguro que ela não dirija, já que para dirigir é preciso muita atenção. As que conseguiram tirar carta, dirigiram um pouco e depois desistiram.

As pessoas procuram comodidade. Dirigir facilita a vida em alguns aspectos, mas também traz muita dor de cabeça. O trânsito intenso de São Paulo exige muita paciência e nem sempre as pessoas têm essa paciência. Chega um momento da vida em que é melhor parar e buscar uma vida mais sossegada. Ninguém quer e nem gosta de ficar sofrendo no trânsito. Se a pessoa tiver uma opção mais tranqüila, certamente, a seguirá.

Imagine uma pessoa de 50 anos que já dirigiu muito na vida. Nesse momento da sua vida, já não terá mais paciência com o trânsito. Preferirá outra opção. Dirigir cansa, não é fácil. Anos e anos dirigindo pode estressar qualquer um. A pessoa prefere estruturar a sua vida para não dirigir mais. Pode morar perto do comércio e fazer as compras a pé. Pode andar de ônibus, táxi, bicicleta, etc. Se a pessoa acha que assim terá mais qualidade de vida, não vejo problemas.

Um espaço para a reflexão

Em 1999, lecionei Filosofia e resolvi realizar uma pesquisa com alunos de 14 a 18 anos que estavam cursando o ensino médio. A pesquisa tinha o objetivo de adequar as aulas de acordo com o interesse dos alunos. Em duas escolas estaduais, os alunos responderam à pergunta: "O que gostariam de estudar na escola?". No total, 660 alunos responderam a pesquisa e elegeram 13 temas importantes para se estudar na escola. A seguir eles estão relacionados por ordem de importância, e o número 1 seria o tema mais importante, segundo os alunos:

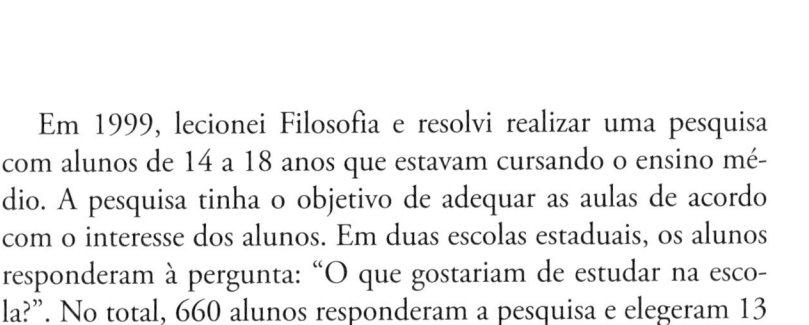

1. Sentimentos: amor, paixão, amizade, virgindade, namorar/ficar, traição, ciúme e relações humanas do ponto de vista das dificuldades de aproximação por timidez ou outros fatores de impedimento.
2. Gravidez na adolescência, doenças sexualmente transmissíveis, aborto e diferenças de comportamento entre sexo masculino/feminino.
3. Adolescência: problemas que caracterizam essa fase e alternativas para as crises emocionais que geram sentimento de solidão, depressão e tentativas de suicídio.
4. Conflitos familiares: os principais conflitos de gerações pais/filhos, a falta de diálogo dentro de casa e a necessidade de maior aproximação, além de alternativas para uma melhor convivência).

5. Drogas: informações sobre os prejuízos físicos e emocionais, a curiosidade da experimentação, a influência dos grupos e a discussão sobre os motivos que levam as pessoas a usar drogas.
6. Violência: os principais fatores que levam o jovem a praticar a violência nas escolas e no país, tais como falta de referenciais positivos, baixa de auto-estima, etc.
7. Preconceito: a origem do preconceito cultural, seus pontos negativos e as formas de se lidar melhor com cada tipo de preconceito.
8. Televisão: a influência da TV sobre o comportamento social/emocional dos jovens.
9. Sociedade materialista e tecnológica: as principais características da sociedade atual, os avanços tecnológicos, os valores morais e a valorização dos aspectos materiais.
10. Sonhos: o valor e o significado dos sonhos, a importância do sono/sonho/vida desperta, a vida subjetiva/objetiva e as possibilidades de equilíbrio.
11. Consciência: discussão de questões como "O que é o ser humano consciente?" "Como chegar até a consciência?" "Quais os limites da consciência?" "O equilíbrio entre razão e emoção é consciência?" "O que significa esse equilíbrio na vida prática?".
12. Morte: discussão de questões como "O que é a morte?" "Como enfrentar a morte?" "Todos sentem medo da morte?" "O que é a morte objetiva e a morte subjetiva?".
13. Escolha profissional: as incertezas em relação ao futuro profissional, tais como "Quais são os melhores caminhos?" "Seguir a família ou seguir a si mesmo?" "Quando seguir?" "Estou ansioso demais ou calmo demais?" "Como lidar com as pressões da sociedade?".

Com essa pesquisa, notei que o interesse da maioria dos alunos consistia na resolução dos conflitos internos, com os próprios sentimentos. O interesse pela sociedade, e mesmo pela escolha profissional, estava em segundo plano para eles. Foram citadas por vários alunos as palavras "consciência" e "preconceito" como a expressão de uma necessidade de discutir assuntos dentro da escola sem preconceito, com o objetivo de chegar a algum grau de consciência.

Os alunos citaram também que gostam de aulas dinâmicas e com alguma ligação com o cotidiano. A maioria deles demonstrou interesse por aulas de Filosofia e Psicologia, inclusive sugeriram um aumento na carga horária. Eles gostariam também que essas aulas fossem dadas com as cadeiras dispostas em círculo.

Nesse mesmo ano, ocorreu a semana cultural na escola, e resolvi planejar, com a colaboração de outros professores e da direção, uma série de palestras e dinâmicas de grupo trazendo vários profissionais para a escola. Criei o Projeto Consciência e Ação, com o objetivo de contribuir para a formação humana dos adolescentes. Esse projeto levou uma série de oficinas aos jovens com temas variados, como sexualidade, drogas, sensibilização para escolha profissional, auto-estima, etc.

A partir desse projeto, comecei a trabalhar de forma diferente em sala de aula e obtive resultados interessantes. Passei a trabalhar com dinâmicas de grupo com a técnica psicológica de grupo operativo e norteada pelo conteúdo filosófico/reflexivo. Ao trabalhar o autoconhecimento em sala de aula, percebi um enriquecimento na personalidade desses jovens.

Esse espaço para a reflexão e para o diálogo é o que falta na sociedade contemporânea. As pessoas têm o hábito de acordar, escovar os dentes, tomar um banho, trabalhar, almoçar e assim por diante, mas não têm o hábito de refletir. A prática da reflexão e do diálogo não faz parte do dia-a-dia das pessoas.

Novamente, aqui tocamos na questão do medo. É mais fácil conversar e pensar sobre assuntos banais do que em algo mais profundo que pode abalar um conhecido equilíbrio interno. Quando entra uma idéia nova ou um sentimento novo na pessoa, ela é obrigada a reconhecer-se como "balançada" e isso significa tomar decisões difíceis. Se a pessoa bloquear a chegada da nova idéia ou emoção, não haverá questionamento nem crescimento pessoal.

É somente pelo pensamento e pela reflexão que o jovem passa a compreender de forma nova a sua realidade. Não é só o papel da escola nas aulas de Filosofia estimular o jovem a ler, a dialogar, a construir um pensamento antes de partir para a violência, drogas ou sexo inconseqüente, a compreender os seus próprios limites internos e externos (regras sociais). Contudo, o jovem não está encontrando apoio na família nem na sociedade para suas questões e conflitos. Ele enfrenta uma fase difícil de conflitos e dúvidas quanto ao seu futuro profissional e quanto às suas relações afetivas. Sente-se sozinho, sem ajuda. Onde encontrar espaço para falar sobre as suas dúvidas e anseios? Os anseios não expressos matam a sua sede na violência e na marginalidade.

A partir de um bom relacionamento com os alunos no Projeto Consciência e Ação, elaboramos uma matéria jornalística publicada no mesmo ano com o título: "A reformulação do ensino brasileiro". Os alunos comentaram que por esse projeto tiveram a oportunidade de conhecer mais a sua própria capacidade de pensar. Discutiram vários assuntos e ganharam inspiração para outras disciplinas. Acharam interessante o fato de não aprender apenas conteúdo de livros, mas a conviver com os outros.

Para refletir e dialogar de forma esclarecedora, lúcida e coerente, há uma regra básica: abrir-se para aprender com humildade. Ouvir atentamente o outro e pensar exige uma grande disponibilidade interior. Com pressa e sem paciência, torna-se impossível.

Depoimento

*Ainda não alcancei o meu objetivo de
ir até uma auto-escola para tirar carta*
R.S.F., 33 anos, secretária

Há várias pessoas que conheço com medo de dirigir. Na minha família, inclusive, há pessoas que têm esse medo, mas aos poucos estão conseguindo se desvencilhar dele. Recentemente a minha cunhada tirou carta de habilitação e já saiu com o carro várias vezes, mas sempre com alguém acompanhando.

Eu conheço muitas pessoas que têm carta e não dirigem por medo. A sociedade em que vivemos é muito violenta. Muitas ficam com medo de que aconteça algo, como seqüestros e assaltos. Estamos muito vulneráveis a esse tipo de coisa.

Eu não tenho carta de motorista. O meu medo vem de muito tempo atrás. Sempre falei com muita convicção que nunca iria dirigir. Tinha pavor de pensar em pegar o carro. Não sei definir o motivo desse pavor. Hoje minha posição mudou, e muito. A minha necessidade é muito maior. Tenho três filhos e necessito dirigir.

Já venci um pouco o medo ao encarar que preciso dirigir. Mas ainda não alcancei o meu objetivo de ir até uma auto-escola para tirar a carta. Nunca procurei ajuda de alguém para resolver o assunto porque não achava suficiente essa necessidade de dirigir, ou não quis enxergar que precisava de ajuda. Creio que hoje o meu medo em si tenha sido amenizado, porém, não desaparecido de vez. Atualmente, as minhas condições financeiras não me permitem tirar carta, imediatamente, mas assim que tiver condições, procurarei um instrutor.

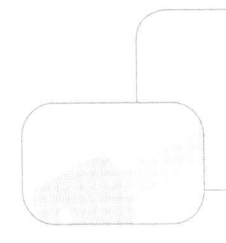

Somos onipotentes?

A idéia muito presente na mente das pessoas atualmente é: "somos todos deuses". As pessoas agem e pensam como se fossem ótimos e perfeitos. É a onipotência e a valorização dos aspectos superficiais do comportamento humano. Com os apelos constantes da mídia, a regra passa a ser seduzir. Se for um grande sedutor, sua vida estará resolvida. Em meio a tantas conversas superficiais em detrimento das mais reflexivas, o reforço da beleza física vai tomando um lugar privilegiado e especial. O valor dominante é a busca do prazer físico. Esse valor surge aliado a outros valores: a conquista do poder econômico, o sucesso pessoal e a o acúmulo da riqueza.

A sedução significa seduzir as pessoas e se deixar seduzir por elas, mas também por vários objetos de consumo. Há características da sociedade contemporânea que podem ser analisadas criticamente a partir dessa questão da sedução. Algumas delas são:

1. Consumismo exagerado.
2. Onipotência ou a idéia de que podemos abraçar o mundo; posteriormente, há manifestação da depressão gerada pela visão dos limites da dura realidade.
3. Baixa da criatividade por causa da carência de raciocínios profundos e pouco estímulo intelectual.
4. Sustentação da falsa idéia de que o mundo é um paraíso e de que os conflitos podem ser eliminados com simplicidade (abrem-se as portas para várias crendices).

5. Tendência ao imediatismo e à superficialidade: na mente surge a idéia prazerosa de que todas as coisas podem acontecer por mágica ou por promessa. Por exemplo: o amor acontece à primeira vista, como algo mágico, e não temos de trabalhar por ele. Perde-se a noção de empenho, esforço, responsabilidade e disciplina.
6. Manifestação de uma crise de identidade ("Eu não sei mais o que quero e em quem acreditar") diante da confusão do "vale-tudo": são muitos livros com promessas milagrosas, são muitas pessoas para seduzir, etc. Quais os parâmetros?
7. Pensamentos e ações não são permeados pela dignidade, sinônimo de respeitabilidade, honra, grandeza moral e seriedade.

Segundo o filósofo Walter Benjamim, não há um ser humano autêntico e puro porque já fomos contaminados pela informação, pela tecnologia e pela mídia. É a sociedade de massa: pouco diálogo e muita pressa. O homem fora do lugar, que perdeu a identidade, é o homem contemporâneo. É o homem em crise constante porque não enxerga originalidade nas coisas, já que há industrialização e banalização.

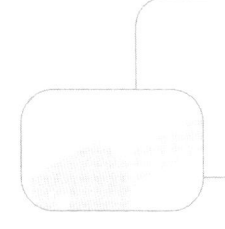

O significado das coisas e das pessoas

Os objetos e as pessoas perderam a aura. Aura é uma aparição única, momento único, brilho, mistério e atração. Com a indústria cultural, que se caracteriza pela reprodução em série, mecanização e padrão de qualidade igual, cria-se o problema do sentido. Quem somos nós? Somos alegóricos? Somos estranhos e representamos, já que aprendemos a representar, manipular, enganar nesta sociedade estranha em que tudo se mistura?

Segundo Heidegger, a existência do homem implica inautenticidade e autenticidade. A linguagem inautêntica é quando ele esconde o seu ser. Na autêntica ele revela o ser. Então o homem é fechamento e abertura, e sendo assim, a verdade mescla-se continuamente com a não-verdade. A inautenticidade é a cultura de massa, a autenticidade é quando revelamos o nosso ser, manifestação da liberdade. A liberdade é a abertura àquilo que há de vir (possibilidades).

O interessante é que o homem não é um ente acabado, ele quer ultrapassar-se. O homem busca dominar o seu ser. Onde surge o ser? Onde ele pode ser acolhido? Ele surge na linguagem silenciosa. Ele é acolhido no silêncio. No ritmo acelerado da sociedade contemporânea, não há amparo do ser.

Contudo, a ansiedade tem pressa. Ela não pode esperar. Como esperar? Como deixar-se silenciar nesta sociedade ansiosa? Parece que esse é um dos grandes desafios do homem contemporâneo. A sociedade ansiosa está cheia de medos de não dar conta da vida.

Não dar conta das pressões sociais que começam desde a infância, não dar conta de ganhar o dinheiro para pagar as contas, não dar conta de lidar com o casamento, etc. As solicitações são intensas, e a própria vida é exposta a uma fragilidade terrível porque a todo momento há uma ameaça: a ameaça de não dar conta. Sempre se está em perigo.

As pessoas são chamadas a todo instante a participar. Participar das festas, participar das comemorações, participar das viagens, participar da moda. É um participar sem fim e sem descanso. Se há um descanso, já vem a culpa por estar sem fazer nada. O tempo que a pessoa tem é utilizado para dormir. As crianças já aprendem a inserir-se em esquemas sociais estagnados em vez de aprender algo mais significativo para a formação humana. As escolas se obrigam a seguir um padrão "shopping" e receiam ser diferentes. Nota-se também atualmente uma abertura significativa de espaços culturais que promovem palestras para reflexão. A filosofia está sendo entendida como um caminho para a reflexão. A reflexão pode implicar uma mudança de hábitos. Abandonar o comodismo e pensar que podemos ter um outro jeito de ser.

O ser humano cria hábitos e se acostuma a um determinado jeito de ser e de pensar. Passa a manter o mesmo jeito por toda a vida. Acomoda-se e não se questiona para mudar algo em si. É como um vício, que se inicia e é levado a diante. Assim, cria uma imagem fixa de si mesmo, agindo de acordo com ela. Se a imagem é de alguém frágil, incorpora-se essa imagem. A vida não progride, permanece em queda constante. Mas ele não pensa sobre isso, pois é automático agir assim. A pessoa se empenha para realizar essa imagem sem perceber. É o que está velado, é a sombra de si mesmo.

A ação espontânea pode ser representada pelo seguinte exemplo: se uma pessoa tiver medo de cachorro, sempre terá. Não se pensa no assunto e, como já se teve o medo um dia, ao olhar um cachorro, será automático ter o medo novamente. Da mesma maneira, uma pessoa que tem medo de dirigir, nunca dirigiu ou dirigiu eventualmente, ao refletir sobre o assunto cria determinada imagem de si mesma. Ela se olha como aquela que nunca dirigiu e não consegue mudar essa visão. As pessoas ao seu redor também acostumam-se com essa imagem, pois todos já sabem que ela não dirige e a enxergam assim. Mudar essa imagem é mudar a percepção de si mesma, e essa ação não deixa de causar um estranhamento para si e para os outros.

Depoimento

*Fiquei tão chocada com o meu "emburrecimento"
que não dirigi mais*
L.C.S.S., funcionária pública, 37 anos

Carro significa conforto e autonomia de locomoção. Não gosto de coletivos. Após tirar carta em 1994, fiz aulas extras. Fui tão bem que só faltou o instrutor falar que eu estava com "frescura". Racionalmente, sei que não precisaria de terapias para vencer o medo de dirigir, mas emocionalmente, ainda não sei.
Meu marido e minha irmã já foram muito pacientes comigo. Atualmente, evito falar desse assunto com eles. Eu gostaria de conseguir ir ao supermercado e ao cabeleireiro de carro. A última vez que dirigi foi em janeiro de 2006. Meu marido passou por uma cirurgia e resolvi pegar o carro para ajudá-lo. Deu tudo errado. O carro morreu na reta, em vez da segunda eu colocava a quarta marcha, quando tinha de vencer a inércia, cantava pneus, e assim por diante.
Fiquei tão chocada com o meu "emburrecimento" que não dirigi mais. O meu marido passou tanto medo ao meu lado que só dirigi duas vezes. E, mesmo operado, ele tinha de tirar o carro da garagem porque eu não sabia.
Além do medo de dirigir, eu tenho medo de vendaval. Estou fazendo terapia floral, tratamento com homeopatia e yoga para vencer esse medo. Já pensei muito sobre o meu medo de dirigir. Considero alguns fatores importantes: não tenho carro próprio, não tenho real necessidade de me locomover sozinha (não tenho filhos para levar à escola, o supermercado eu faço à noite com o meu marido, e tenho carona até o meu trabalho)

e não consegui superar a fase de aprendizagem, em que a gente passa muito medo, não gosto da sensação, e não amadureço, desisto, e isso é cíclico. Se você me perguntar qual é a minha maior frustração pessoal hoje, diria que é o fato de não dirigir. Pareço dependente e frágil, mas, em outros aspectos de minha personalidade, não sou.

A busca de um sentido

A Filosofia é a busca de reflexão e questionamento e, nesse sentido, pode iluminar os caminhos das pessoas para que novas formas de ser e pensar possam surgir. A Filosofia abre para nós a idéia de que sempre podemos aprender algo novo, de que o conhecimento não se esgota e não se limita. Mas o mais importante é ter a mente em investigação. Quanto mais aprendemos, menos sabemos, pois mais temos a aprender.

Quando eu estava cursando Filosofia na PUC-SP, aprendi que todos os saberes nos ensinam algo. O que mais me encantava lá era a liberdade. Além da liberdade do espaço físico amplo e arejado, a liberdade de comportamento e pensamento dos professores e dos alunos. Ninguém imitava a novela da TV e, pelo contrário, questionava-se a sua influência sobre o comportamento das pessoas. Ninguém tinha uma religião para seguir de forma dogmática, mas todas as religiões eram estudadas e questionadas.

Essa liberdade de pensamento e de ação foi a base para toda a minha vida. E quando chegava a algum lugar em que as pessoas tinham um jeito de ser e agir muito comum e padronizado, como uma linha de produção, de uma fábrica, eu estranhava muito. Lá era tudo diferente do mundo comum, e passei a refletir sobre o decorrer dos anos na vida das pessoas e nas suas atitudes.

Todos os anos são iguais para as pessoas, nada muda. São as mesmas comemorações, do mesmo jeito, nos mesmos lugares e com as mesmas pessoas. Com nenhum significado em torno de melhorar relacionamentos, comemora-se todo ano mecanicamente o Dia das Mães, o Dia dos Pais, o Dia dos Namorados, etc. Nas escolinhas, as crianças tão pequenas já aprendem a gostar de eventos triviais sem significado profundo. Pais e filhos continuam se relacionando da mesma forma, comum e sem novidades. No Natal segue-se o mesmo repertório. Nas formaturas e nos aniversários, também. E ninguém se pergunta sobre o significado de tudo isso. Consumismo, relações de aparência e desgaste promovidos por encontros que nada acrescentam em termos de vida mais interessante.

Estamos no mundo de maneira insegura, ignorante, insatisfeita, desejante, incompleta e sofredora, portanto, tendo a pensar que as comemorações e seus respectivos eventos cumprem a função de dar sentido para um mundo sem sentido. Mas existem também muitos outros sentidos para a vida e para o mundo. Particularmente, penso que a existência torna-se diferente do senso comum quando temos a possibilidade de olhar as coisas e para as pessoas de outras maneiras, de crescer em nossos pensamentos e em nosso jeito de ser com liberdade e com menos medo de viver.

A busca de um sentido não é tarefa fácil, pois toca na construção da identidade. A pessoa pergunta-se quem ela é, o que quer, qual o sentido de sua vida. De uma hora para outra a resposta não é encontrada. A trajetória de vida e o conjunto das experiências vão fazendo com que a pessoa se localize e possa escolher uma identidade que combine mais com suas características pessoais. Os sentidos mudam: em determinada época, tinha muito sentido trabalhar naquele lugar, hoje não, por exemplo. As pessoas vão tendo novas percepções se puderem se abrir ao novo, deixando o medo de lado.

Percebo que há pessoas que se tornaram famosas repentinamente, ou que tinham muitas restrições financeiras e agora têm muito dinheiro – o sentido de suas vidas passa a ser o dinheiro ou a fama. Essa aparenta ser a realização da vida, porém, apenas aparenta. Funciona mais como um agente ilusório do que como uma realização pessoal e profissional de fato. É a fantasia da mídia que cria os modelos imaginários como se fosse o efeito de uma droga: a pessoa tem a ilusão de alguma modificação e de felicidade. Se o pensar sobre si mesmo e sobre o sentido da existência humana é abafado ou oculto, os agentes ilusórios tomam conta da mente e a pessoa não consegue se diferenciar da massa e seguir seu próprio caminho.

Os filósofos antigos estavam em busca de um sentido para a vida e questionavam os conflitos humanos, os problemas sociais, morais, entre outros. Perguntavam-se: "O que significa existir?". Entendiam que um caminho possível para preencher o vazio humano é filosofar.

O primeiro filósofo grego a tentar estabelecer um princípio ordenador do qual as coisas surgem foi o pré-socrático Tales de Mileto. Ele viveu provavelmente entre o final do século VII e meados do século VI a.C. Para Tales, a Terra flutua (ou repousa) na água, que é, de certo modo, a origem de todas as coisas. Tales demonstrou a necessidade de um princípio e de uma racionalidade, já que naquela época havia um profundo questionamento das origens do mundo e de nós mesmos. Surgiram outros pré-socráticos com diferentes princípios, como Anaximandro de Mileto e Anaxímenes de Mileto.

Com o surgimento do filósofo grego Sócrates há uma reflexão mais sistemática. Os homens passaram a reunir-se para um diálogo filosófico, para uma busca de autoconhecimento, de um entendimento maior do universo, de uma organização político-social baseada na justiça. Discutia-se o que é justiça, o que é amor, entre outras questões, sob o parâmetro socrático "Só sei que nada sei". Isso significa que quando eu não sei nada é que surge o momento de abertura para o aprendizado. É o momento de mergulho na investigação sem *pré-conceitos* em busca de conhecimento e verdade. Filosofia é, então, a busca amorosa da verdade. Sócrates nasceu por volta de 470 a.C. e dizia: "Conhece-te a ti mesmo". Gostava de dialogar e questionar. Moldava a sua vida num ideal de razão, com desprezo pelos valores materiais. Apreciava a moderação.

Epicuro (342-271 a.C.) dizia que "O prazer é princípio e o fim da vida feliz". A virtude, segundo o pensador, é aproveitar a vida com moderação. Platão dizia que o prazer está ao lado das coisas sem limites que vêm à alma sem nenhuma medida. É preciso frear o movimento indefinido de prazer para ter um equilíbrio.

Em cada período da Filosofia, algo nos é revelado. Na Filosofia medieval, a verdade maior é Deus, e os grandes nomes em destaque são Santo Agostinho e Santo Tomás de Aquino.

Em 1637, na Filosofia moderna, René Descartes introduz o método cartesiano. Descartes, o filósofo racionalista, é o autor da frase "Penso, logo existo".

Em 1872, o filósofo alemão Nietzsche critica a razão e o método cartesiano, concluindo que não existe verdade absoluta.

Na Filosofia contemporânea, em particular na corrente filosófica do existencialismo, o filósofo Sartre coloca a questão da liberdade como valor fundamental. O homem não está preso à realidade estática de ser pleno. O homem expressa seu vazio e, por isso, sua consciência não está pronta e fechada. As coisas são, mas não se esgota a possibilidade de manifestação. Tudo está em aberto.

A Filosofia é questionamento em busca de um sentido em oposição à estagnação. É dinâmica, rica em possibilidades de saber. Na Grécia antiga, o filósofo pré-socrático Heráclito dizia que tudo flui, e comparava o mundo a um fogo eternamente vivo. Na sociedade contemporânea, as pessoas tentam achar um sentido no valor das imagens que configuram a realidade social. O mundo é um sistema de imagens e propagandas. Na interação com o real e o imaginário, com a realidade e o sonho, com a essência e a aparência, o ser humano vai buscando um sentido para a vida, para o mundo e para suas relações.

Os sábios chineses representavam a complementaridade de opostos pelo par arquetípico yin e yang, considerando sua interação dinâmica como a essência de todos os fenômenos naturais e de todas as situações humanas. Na mitologia hindu, a dança de Shiva representa a criação e a destruição num fluxo incessante de energia que permeia tudo.

Como pensar criticamente o nosso mundo na busca de um sentido? Subirats, em 1986, diz que "Trata-se de analisar e discutir o significado de autonomia, de felicidade, ou de liberdade que os experimentos de vanguarda encerram; de discutir o significado ou significados históricos que derivam da ameaça nuclear, o valor da criatividade contida nos meios de comunicação eletrônicos. Trata-se, por fim, de analisar os novos significados do mundo e da existência humana implícitos no desenvolvimento técnico-científico e em seus mesmos pressupostos". Transpondo para os dias atuais, é importante considerar as questões do aquecimento global, do desmatamento, da manipulação genética, e outras.

A necessidade de poder

A sociedade contemporânea é regida pelos negócios lucrativos a partir da comercialização de produtos. O produto não é somente aquele da prateleira do supermercado. O produto é a pessoa, seu corpo, sua imagem. O sistema funciona segundo certos padrões a partir da necessidade dos consumidores. Se os consumidores aceitam o produto sem questionamento e sem resistência, o sistema se fortalece, e a conseqüência é uma sociedade alienada que desconhece o senso crítico. A violência está presente nas propagandas, nos filmes e nas várias formas de arte. É um poder de dominação manipulador, explorador e competitivo.

O poder é importante. Todos necessitam ter poder. O poder é fonte de auto-estima. É o poder integrador da personalidade. As pessoas carentes desse poder positivo o expressarão matando, roubando ou cometendo atos indignos. Por causa de uma grande desigualdade social e do poder negativo do consumismo, as pessoas estão reprimidas, ou seja, sem expressão da agressividade.

A sociedade contemporânea não oferece possibilidades a partir de um discurso da mídia que impõe comprar um produto que a pessoa não pode ter porque não tem condições financeiras. Quem não compra, não tem e fica excluído. Se não é possível ter, então se rouba. Se não roubar, outra opção é pagar, e contrair muitas dívidas.

O ser humano experimenta uma dificuldade de se encontrar em seu mundo, vive uma luta dramática para formar uma identidade numa sociedade sem identidade. Nas cidades grandes, as pessoas são anônimas. No trânsito, as pessoas revelam todos os seus conflitos, desilusões e desgostos. O caos no trânsito reflete o caos interno de cada um, o vazio interior, a insignificância como pessoa e a falta de respeito com os outros. É uma sensação de "futilidade", como se todos fossem fúteis. Qual o sentido do viver?

A ansiedade gerada por esse momento difícil é uma aliada, já que as tensões e o sofrimento contribuem para possíveis mudanças de comportamento. A sociedade imediatista tem pressa e busca respostas rápidas e prontas. O automatismo gera a falta de reflexão e falta de pensamento profundo.

O exercício do pensamento é uma das capacidades mais preciosas no ser humano. Pensar não é pensar qualquer coisa e de qualquer maneira. Pensar é um exercício que vai sendo aprimorado, é um trabalho de raciocínio e memória. O primeiro impulso "Tenho vontade de pensar" é importante. O próximo passo é abrir-se ao mundo da filosofia. Filosofia é amor à sabedoria. Sabedoria é admirar o mundo e ter interesse por aprender coisas novas. Pensar é atividade e não passividade. Pensar sobre a existência humana desperta desejo de buscar livros sobre o assunto, de buscar alguém para conversar sobre o assunto, de encontrar uma universidade para estudar, de escrever livremente sobre o tema. Pensar é estimulante e traz uma mudança real no ser humano e em sua vida.

A mente humana tem uma enorme capacidade de aprender em todas as idades. Eu converso sobre isso no Projeto Bem Viver, que é um grupo de idosos que coordeno. Eu os estimulei a fazer um curso de informática. Vários estão fazendo o curso e sentem-se muito interessados. Eles se entusiasmam ao aprender algo novo. A vida ganha um outro sentido a partir das boas experiências que expressam dinamismo e vontade de se atualizar. Essas experiências dão um sentido para a vida. E esse sentido não será algo simples, como a graça de viver?

Depoimento

Quem não dirige é excluído, é o diferente. Parece que é menos que os outros. Afinal, dirigir é uma coisa de poder.
S.P., assistente social, 49 anos

Eu tirei a minha carta com 39 anos. Quando era adolescente, eu morava no interior e lá eu dirigia. Era uma cidade cheia de ladeiras. Eu pegava o carro do meu pai e me lembro de ter ficado parada na ladeira. Fiquei muito assustada. Passei um momento difícil ao perder uma amiga num acidente de carro.

Acho que o meu medo de dirigir está ligado a um conjunto de situações da minha vida. Eu tinha um pai repressor. Eu era tímida e calada, engolia as coisas. A depressão sempre esteve presente na minha família, é algo genético. O meu pai sentia-se diminuído diante dos outros. A minha irmã tem depressão e faz tratamento. Eu sou uma pessoa muito ansiosa, hipertensa e perfeccionista.

O instrutor que me ensinou a dirigir dizia que eu tinha muito medo e que não ia conseguir. O dia em que tinha aula, já me sentia ansiosa e vulnerável. Eu me divorciei e meu marido me deu um apartamento e um carro. Ele me ensinava a dirigir com muita paciência. Cheguei a ter uns dois ou três carros, mas nunca consegui vencer o medo de dirigir.

Algo fica faltando em minha vida por não conseguir dirigir. A minha família me pressionava e me estimulava, dizendo que eu tinha de dirigir para levar meu filho aos lugares. Eu me sentia culpada por não poder dar uma infância melhor ao meu filho. Ele estava perdendo oportunidades de sair à noite e ir para as festas. Enfim, tudo ficava mais difícil sem o carro.

Em alguns momentos, tenho a sensação de estar diminuída diante de uma roda de colegas no trabalho. Eles notam que eu chego a pé. Quem não dirige é excluído, é o diferente. Parece que é menos que os outros. Afinal, dirigir é uma coisa de poder.

No entanto, com os meus próprios medos, eu aprendi a amadurecer. Eu me sinto mais forte emocionalmente do que muitas pessoas que se consideram fortes porque dirigem. Minha irmã dirige e tem problemas emocionais com os quais não sabe lidar. Eu não dirijo, mas lido melhor com o meu emocional. Eu me sinto forte, apesar dos meus medos. Aos sete anos tive uma experiência traumatizante em um rio e fiquei com medo de nadar. Gostaria de superar o medo de dirigir fazendo um curso. Quando tiver condições financeiras, vou procurar um curso para pessoas com medo de dirigir.

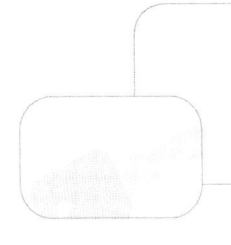

A mulher na sociedade

Facilmente, o sujeito foge de sua liberdade e se transforma em coisa. No caso da mulher, é ainda mais forte a tendência à passividade e à obediência. Ela cumpre vários papéis, perde a identidade e se desvaloriza em função do outro. Deixa a sua vida de lado e não acolhe seus mais profundos desejos. Se o ser humano se transforma em coisa, evita a tensão e a angústia de pensar sobre a própria existência. É mais prático, é mais fácil, é o que solicita a sociedade contemporânea.

Há uma vontade de poder e um complexo de inferioridade na mulher: são os seus conflitos profundos e íntimos, e ela receia não vencê-los. Ela é dividida entre a vontade de se soltar e a vergonha de sua própria feminilidade. A liberdade assusta; então, o sujeito se aliena nas coisas e nas pessoas. Como ser livre?

Simone de Beavoir dizia que "A tendência do sujeito para a alienação – a angústia de sua liberdade – conduz o sujeito a procurar-se nas coisas, o que é uma maneira de fugir de si mesmo; é uma tendência tão fundamental que logo após a desmama, quando se acha separada de tudo, a criança esforça-se para apreender nos espelhos, no olhar dos pais, sua existência alienada. Os primitivos alienavam-se no maná, no totem; os civilizados, em sua alma individual, em seu eu, em seu nome, em sua propriedade, em sua obra; é a primeira tentação da inautenticidade."

Ao brincar de bonecas, a menina cria sua casinha, sua família e sua felicidade. Quando adolescente, vai buscar o homem ideal, perfeito, procurando viver experiências prazerosas e felizes. Sente-se dominada pelos impulsos da paixão. Com tamanha dificuldade de conter tais impulsos, sente medo. Sofrimento, dor, tortura, crueldade. Fica submetida à animalidade, num tormento sem razão. Então começa a perceber a falta de domínio do seu corpo e das suas emoções. Essa falta de controle tira-lhe a liberdade. Então pensa que gostaria de ter uma independência autêntica, mas não era tão livre assim. Por mais que pensasse, que refletisse, algo lhe escapava. Percebeu o quanto a contingência amedronta: a instabilidade dos relacionamentos, da vida, enfim, a falta de controle e a falta de garantia de tudo.

Um dia desses, peguei um ônibus, e duas meninas conversavam perto de mim. Uma delas dizia que a amiga apaixonou-se por um rapaz dependente de drogas. Ele precisava arrumar dinheiro para comprar as drogas e sugeriu que a namorada se vendesse para sustentar seu vício. Fez a proposta à namorada e ela topou. E assim estavam vivendo o relacionamento de namoro. A outra menina que ouvia falou que era preciso pensar bem antes de assumir um relacionamento sério. Era melhor só "ficar" na balada, sem compromisso. O que chama a atenção nessa história é a falta de limite, a falta de identidade, a confusão da sexualidade que, na verdade, são características de nossa sociedade contemporânea.

Se o medo antes limitava a sexualidade, como, por exemplo, o medo de perder a virgindade, hoje torna-se difícil estabelecer a noção de limite. O corpo é erotizado além dos limites. As mulheres vendem-se de uma forma crua e desumana, como se não existisse a sensibilidade em relação ao interdito. A interdição não oferece perigo e instala-se na embriaguez dos corpos erotizados, enlouquecidos e perdidos. É o corpo que pulsa no limite da loucura e da paixão. Esse corpo reflete a sociedade em que vivemos, na qual há uma ganância pelo poder, o rompimento do amor profundo, do respeito, da sociabilidade, da solidariedade. No lugar do respeito pelo corpo e pelo pensamento do outro, entra a falta de limites.

Se não há limites, não há medo, não há punição, o caos está instaurado. O homem contemporâneo é o homem quebrado, fragmentado. A todo momento ele tem de se refazer. Vive vários momentos em que seu corpo é estrangeiro, não lhe pertence. O corpo é um *outdoor* publicitário, é abandonado pelo mundo e por si mesmo. Essa situação se repete: uma busca pelo outro sem aproximação. Como nos vídeos pornográficos: todos se relacionam sexualmente, realizando fantasias de que todos estão disponíveis para realizar todos os desejos.

Se antes era proibido, agora é obrigatório. São duas formas de repressão. Usar uma pessoa, satisfazer-se com ela egoisticamente tornou-se ato cotidiano. A mulher obedece cegamente e torna-se a escrava e a prisioneira de si mesma e do outro, abafando desejos e escondendo-se de si mesma. A obediência cega ao marido, ao amante, à família, ao chefe, leva a mulher a uma posição desfavorável: a anulação de seu eu profundo.

A mulher precisa aparecer e ser desejada, é sua necessidade. Por isso, ela demora a libertar-se. Primeiro, ela necessita da aprovação do outro: provar a sua beleza, a sua competência, a sua sensibilidade. Depois que o homem a aprova, ela terá condições de se voltar para seus próprios desejos. No caso da prostituta, ela perde a oportunidade de olhar-se de outra forma, além do corpo. Ela se esquece que não é só corpo. A falta de outras possibilidades de vida subjetiva a entristece. Talvez uma tristeza velada, mas profunda. A sua carência busca satisfação nos corpos. É uma carência do outro e, ao mesmo tempo, um medo de se entregar e de se perder no outro. Como se envolver sem virar o outro e perder-se de si?

Segundo Wollstoine "A mulher deve forçar sua mente no sentido de ampliá-la e será o fim da obediência cega. Uma vez que a obediência cega é o que busca o poder, tiranos e sensualistas estão certos quando se empenham em manter a mulher na escuridão, pois o primeiro só quer escravas e o segundo bonecas de carne." Quem é a mulher? O que quer a mulher?

A mulher, na representação das musas que cantam, fazem com que os homens esqueçam de suas infelicidades e da vida cansativa por alguns momentos. O homem obedece e acolhe a mulher, entregando-se ao seu canto. Deixa-se dominar. E também há o medo de se perder, então, assustado, ele pode terminar governando sua sensibilidade com a sua força. Exerce o seu poder por medo de ir além. Defende-se de emoções que poderiam tirá-lo do controle.

Mas há um espetáculo de desejos na sociedade contemporânea, inteiramente pronto para enlouquecer corações. Alguém se apresenta, surge, pula, dança, canta e expressa toda a energia sexual de forma crua. Ao mesmo tempo que esse ato inaugura a vida, traz a morte do enlouquecimento sem barreiras. Onde colocar toda a força e o brilho da energia sexual?

A energia sexual é a energia de vida, de força e de impulso. É por intermédio dela que trabalhamos, estudamos, cuidamos dos filhos, namoramos, etc. Quanto mais energia sexual, mais vontade de viver tem o ser humano. Toda essa energia é distribuída em várias atividades diárias. A relação sexual é apenas uma das manifestações da força sexual.

A relação sexual é um dos momentos mais prazerosos que o ser humano experimenta, envolvendo atração, intimidade e satisfação de desejos. O ser humano deprimido possui uma energia sexual diminuída ou anulada, geralmente porque sua vida não está bem. Muitas vezes observo mulheres que se acomodam na depressão e não procuram uma saída. Por vergonha, por medos, por bloqueios, conformam-se com uma vida monótona e desprazerosa. A relação conjugal torna-se indiferente, e a vida perde a emoção. A vida vai passando com uma rotina diária sem graça. A mulher anula-se quando não consegue viver intensamente. Desvaloriza-se nas suas capacidades e perde-se numa vida de dona de casa. Qual é a sua identidade?

É a mãe perfeita. É a boa cozinheira. É a profissional. É a companheira do marido. Mas, na verdade, é aquela que corresponde. Para ser desejada, deve corresponder a um ideal de perfeição. Esforça-se para corresponder, torna-se ansiosa e deprimida numa vida mecânica em função de corresponder. Sem saber o que quer, sem saber quem é, ela leva anos e anos uma vida sempre igual. Ela se mistura com o marido, com o filho, com a família, e vai para as academias com medo de ficar feia, obesa e rejeitada pelos homens. A mais bonita e com o corpo esbelto será a preferida. Ela faz academia por ela ou pelos outros?

A mulher faz as suas atividades pensando no outro, no desejo do outro. Ser desejada pelo outro está em primeiro lugar. Ao assumir essa postura, perde-se de si. Se a mulher não desenvolve uma consciência de que a jovialidade está acima de tudo no plano mental, sofrerá na luta contra o envelhecimento físico, depositará todas as suas energias para manter certa aparência, como se fosse uma escrava de sua própria aparência. Não é a mulher que tem o domínio sobre a sua aparência, é a aparência que tem domínio sobre ela. Mas o que está além da aparência? O que está além dos belos corpos?

A mulher que trabalha fora todos os dias e consegue manter a sua profissão vive uma outra realidade. Como já não está todos os momentos em contato com os filhos na função de cozinheira, dona de casa, babá e motorista, sente falta do contato com a família. Sente saudades e pode olhar a família de outra forma. Se gosta do que faz profissionalmente, sente-se preenchida e em contato com a realidade do mundo.

A falta é importante. É pela falta que podemos amar. É porque algo nos falta ou alguém nos falta que a vida ganha sentido. A rotina dos casais que leva ao tédio sem novidades ocorre porque não se estabelece uma distância. É tanta mistura de um com outro que já não se sabe mais dos desejos de um e dos desejos de outro.

Num primeiro momento há uma forte atração mas, com a convivência, vem a repulsa ou a aceitação da indiferença. A relação possessiva leva cada parceiro a sentir-se dono do outro. Então cada um se acha no direito de apontar fraquezas e de corrigir o outro. A relação agressiva com acusações abala o desejo sexual. No entanto, os casais sentem medo de conversar e de abalar a relação. Sentem medo de mudar a relação de tantos anos. Sentem medo de assumir outra postura. Reformular uma relação dá trabalho e é mais fácil esquecer esse trabalho. O hábito já tomou conta, e a acomodação é tão grande que é difícil pensar em outra forma de existência. O medo da separação, de perder o outro, de perder a vida estruturada ao longo dos anos preserva muitas relações de casamento.

Abandonar a harmonia, desequilibrar-se, confundir-se para depois se achar é tarefa árdua. Mas se a mulher quer saber qual a sua missão neste mundo, terá de passar por momentos de questionamentos. O que segura a mulher para não ir além em seus pensamentos e em sua forma de ser é a culpa. Como ela tem de cumprir coisas para os outros, como uma maneira de se autoafirmar e para sua sobrevivência, a insegurança de cumprir errado ou de não cumprir é enorme. Então a culpa lhe adianta: "Nunca sou o que devo ser". Ela está no lugar errado sempre. Ela sente-se uma estrangeira, questiona-se inúmeras vezes se conseguiu realizar bem ou não a tarefa. Mas dificilmente se questiona quem é e o que quer. Sente-se em falta com o outro e tem de fazer um sacrifício enorme para agradar.

A rejeição para a mulher é desestruturante. Ao sentir-se rejeitada, sente-se sem capacidade para expressar todas as suas potencialidades. Ela quer voar e se expandir, mas precisa do chão também. Ela precisa da segurança. Todos os seres humanos sentem necessidade de segurança. Se para alguns a segurança é representada por um olhar sedutor ou por um sorriso encantador, para outros a segurança tem outros significados, como a disciplina e a organização de um lar bem estruturado, a manutenção de um emprego, etc. A sensação de segurança interna é fundamental para o desenvolvimento das capacidades. Quem não tem segurança interna, não consegue desenvolver-se no mundo externo. Sente-se pobre interiormente e, portanto, leva uma vida pobre exteriormente.

Muitas pessoas estão em busca de segurança e não sabem disso. Sentem medo da insegurança. A segurança de uma relação afetiva estável traduz conforto e tranquilidade. Porém, nesse tipo de relação, também há inseguranças quanto a não saber o dia de amanhã. Se as pessoas têm certeza do dia de amanhã, encaram a vida e as relações como sempre iguais, isto é, todos os dias a mesma coisa; perde-se a conquista e a novidade. São relações sem paixão e sem entusiasmo.

A incerteza e a insegurança dão uma noção de que a vida é aventura, novidade. As fantasias existem e são infinitas. A capacidade de voar, de transcender, existe. Quando se fala em transcender não se está querendo dizer especificamente relação sexual. Transcender é uma capacidade mental de ir além com liberdade. Pensar de muitas formas diferentes para expressar as várias formas de vida.

Por exemplo, podemos pensar o amor como um matrimônio socialmente organizado, mas podemos questionar se o amor tem essa ligação tão forte com a ordem social. Se vivo um amor de acordo com os parâmetros sociais, estou perdendo a condição de viver o mais íntimo e secreto do amor: a sua condição transcendente, que alguns chamam espiritual ou divina. Se a mulher tem medo do amor, tem medo da maternidade, tem medo da estabilidade da família, fugirá dessas formas de viver. A estabilidade de uma relação a dois assusta porque pode representar imaginariamente um fechamento e uma perda de liberdade. A liberdade total não existe, pois sempre que algo se abre, também algo se fecha. Portanto, a vida está mesclada de abertura e fechamento, o revelar e o esconder, o soltar e o controlar.

A vida é aventura. Qual é a medida da aventura? Até onde voar? Quando se abrir e quando se fechar? Quando ultrapassar o medo e quando acolhê-lo?

Joseph Campbell disse que "Dédalo colocou asas em seu filho Ícaro, e disse: 'Voe moderadamente. Não voe muito baixo, senão as ondas do mar o apanharão. Não voe muito alto, senão o sol derreterá a cera das suas asas e você cairá'. Seu filho, em êxtase, voou muito alto. A cera derreteu, e o rapaz caiu no mar. Esse é um caminho perigoso, como o fio de uma lâmina. Quando você enfrenta algo que é uma aventura inteiramente nova, abrindo novos espaços, sempre existe o perigo do entusiasmo excessivo, o negligenciar de certos detalhes."

No nosso dia-a-dia, há o transcendental. Olhar o pôr-do-sol pode ser transcendente. A mente em ritmo acelerado não consegue perceber o encanto e o mistério dos momentos simples, que são plenos e completos, não há falta, mas, sim, preenchimento e tranqüilidade. Não há alienação, pensamento, ou medo, há apenas o sentir suave, leve, bom e belo. Tudo se encerra ali, naquele momento especial, como se a vida tivesse realmente um sentido simples e fácil de encontrar. Esse momento especial é uma marca positiva que pode ser vivenciado muitas vezes, e ainda serve de base para uma visão positiva de mundo e de experiências.

Essa doce sensação suaviza a existência e preenche uma necessidade básica do ser humano: preencher a falta por meio de uma sensação de completude. A união com alguém traduz a necessidade de plenitude do ser humano. Há a busca do outro e, ao mesmo tempo, esse outro lhe escapa. Vive-se a nostalgia da totalidade perdida.

Platão escreve em *O Banquete* que no início eram três os gêneros da humanidade: masculino, feminino e andrógino. O andrógino era um ser perfeito e dotado de muita força. Os andróginos conspiravam contra os deuses e Zeus deu uma solução dividindo-os ao meio. Por isso, dizem que os seres humanos procuram a sua cara-metade, a sua metade perdida. Amor é amor de algo. Nós desejamos o que não temos (carência).

Uma história hindu conta que quando o deus da identidade falou "Eu sou", sentiu medo da solidão. Sentindo-se tão solitário, desejou que tivesse alguém ali. Então, cindiu-se em dois (macho e fêmea) e originou-se o mundo. Os processos criativos do ser humano tentam driblar essa falta pela sublimação. São ações sociais e culturais que nos remetem a uma vida além do instinto, dando possibilidades de criação e invenção, objetivando um sentido para a vida. Mas, essencialmente, a falta faz parte da condição humana, e, inevitavelmente, nos remeterá a alguma inquietação, insatisfação e angústia. E isso ocorrerá ao longo de toda a vida.

Entrevista

Rita de Cássia Macieira, 49 anos
psicóloga e professora do curso de graduação e coordenadora de pós-graduação da Unisa

Atualmente, muitas pessoas reclamam de síndrome do pânico, medos, situações de estresse e competitividade. Por que isso ocorre?
O ser humano é um ser biopsicossocial e espiritual. Com o desenvolvimento, passou a viver em sociedade, a modificar seu ambiente para torná-lo mais confortável e seguro. No entanto, a vida em sociedade trouxe um novo desafio: o relacionamento interpessoal, que passou a ser fonte de tensões. Em prol dos relacionamentos e da educação, a livre expressão da sexualidade e de emoções como raiva, inveja, medo e outras tornou-se mal vista. Essas emoções passaram a ser reprimidas de forma tão efetiva que, por vezes, nem chegam ao limiar da consciência. Mas a repressão das emoções não livra o indivíduo do sofrimento, apenas enterra a dor mais profundamente. Mesmo reprimidas as emoções continuam a atuar no organismo, levando a doenças. Além disso, a vida na sociedade moderna trouxe de volta os dragões que solapavam a tranqüilidade do homem primitivo, que agora vêm travestido nos medos da violência, do desemprego, da solidão, do abandono, da perda de papel social e de outros. Com isso, o homem atual torna a conviver com a síndrome de tensão crônica, causada pela reação de fuga ou luta. Mais cruel ainda, passa a viver com a sensação de desamparo e desesperança, imobilizado frente às solicitações e desafios para os quais, muitas vezes, não se sente preparado.

O que você quer dizer quando afirma que o homem é um ser espiritual?

Espiritualidade, para mim, é uma qualidade humana como outra qualquer; é aquilo que transcende ao psicossomático. Não está ligada a religiões e está presente também nos ateus. É o sentido de conexão com o todo. Abraham Maslow, um dos fundadores da Psicologia Transpessoal, diz que um corpo sem espírito não é um ser humano e, sim, um cadáver. E um espírito sem corpo pode ser uma alma penada, um anjo ou fantasma, mas não um ser humano. Segundo ele, o ser humano é corpo e espírito.

Você já atendeu pacientes com medo de dirigir? Como superá-lo?

Nunca atendi pessoas com medo de dirigir, mas creio, assim como em outros medos, que informações e esclarecimentos ajudam a desmistificá-lo. Mas isso não é suficiente. Muitas vezes, o medo permanece embora, conscientemente, a pessoa tenha todos os dados possíveis. É preciso procurar também no substrato psíquico, nas fantasias, desejos, sentimentos de culpa, ganhos secundários, enfim, nas motivações inconscientes.

Há preconceitos em nossa sociedade com relação às pessoas que não dirigem. É a sociedade que as exclui ou isso vem do emocional de quem tem essa dificuldade?

Pode ser uma ou outra, ou ambas as coisas. Quem tem fobia de algo, sempre vê esse algo à sua frente, como atrair para a resolução do conflito. Logicamente, numa sociedade marcada fortemente pela cultura do automóvel, não dirigir pode ser visto como uma deficiência.

Dirigir um carro simboliza dirigir a própria vida ou há outros significados nisso?

O significado é individual, não é possível generalizar. Há pessoas que dirigem muito bem, mas suas vidas são caóticas. Outras dirigem muito bem suas vidas, e abstêm-se de dirigir. Particularmente, o ato de dirigir traz uma sensação de liberdade e auto-suficiência. Gosto de dirigir mesmo enfrentando trânsito intenso, o que, para alguns, é um sofrimento.

Se sempre temos algo a superar, as pessoas devem ser incentivadas a libertar-se de seus medos? Um bom instrutor de automóvel ou um terapeuta ajudam a motivar as pessoas a vencer o medo de dirigir?
Para mim, a resposta é sim. É ótimo superar os medos, e um acompanhante terapêutico pode auxiliar. Creio que o que não está correto é o fato de ser limitado pelo medo ou obrigado por pressão social. Vencer o desafio traz sensação de competência. Mas a escolha de passar a dirigir, ou não, por ser uma decisão pessoal, deve ser respeitada sempre. Mas veja, só é um problema se isso fizer a pessoa sofrer. Se não houver incômodo e se ela estiver feliz assim, por que forçar?

Entrevista

Arthur Tufolo, 54 anos
psicólogo clínico da área de saúde existencial

Muitas pessoas com medo de dirigir sentem uma grande ansiedade e uma sensação de incapacidade profunda. Em nossa sociedade ansiosa e apressada, temos a impressão de vivermos em ritmo de produção em série, como se trabalhássemos numa fábrica. É isso mesmo?
Sim, o ser humano produz, eu mesmo sou uma célula produtora, mas não somos só isso. Possuímos inúmeras outras possibilidades e capacidades. Vivemos no tempo da técnica, da tecnologia, e a técnica desumaniza o homem. Mas é possível viver com tecnologia e ética. Essa incapacidade profunda das pessoas com medo de dirigir é conseqüência de suas vidas que não andam bem; elas não conseguem dizer do que não gostam, não conseguem se defender, não conseguem um bom emprego, etc. Ela está em nós desde pequenos, quando aprendemos a andar de bicicleta, por exemplo; pais amorosos conduzem o filho e ensinam passo a passo. As pessoas que não sabem dirigir talvez também não saibam andar de bicicleta, ou talvez tenham tido experiências ruins nessa fase.

O apoio paterno adequado, de que todos nós necessitamos na infância, também é importante na vida adulta?
Sim, é muito importante em todas as fases da vida, mas a base da segurança está, em grande parte, na infância. A criança necessita do olhar dos pais, quer mostrar a eles que já sabe fazer as coisas, precisando de atenção para ter certeza de que nada de ruim acontecerá. A segurança vem do outro, e precisamos do outro para desenvolver a confiança para tudo: cantar no

coral, nadar, dirigir... É claro que nem todos têm de aprender a dirigir, nadar ou jogar. Mas é importante ter liberdade de escolher as possibilidades para si.

Mas como escolher quando se sente muito medo?
Em primeiro lugar, a liberdade admite a possibilidade de haver uma restrição, como dirigir, por exemplo. Há diferentes graus de bloqueio, que restringem a autonomia das pessoas. Quanto mais autonomia se tem, mais se é soberano de seus atos. O bebê é dependente, não tem autonomia. Podemos dizer que, ao envelhecermos, perdemos parte da autonomia, o cérebro já não ajuda tanto. Há pessoas que envelhecem antes de estar velhas cronologicamente, e perdem a autonomia quando ainda são jovens.

Por que há tantas pessoas deprimidas atualmente?
A depressão e o pânico são as doenças da nossa época. No meu consultório, recebo muitas pessoas com depressão que, quando melhoram, começam a dirigir. Elas me procuram com queixa de depressão, e não com queixa de medo de dirigir, e quando melhoram, muitas contam que começaram a aprender a dirigir.

Hoje as pessoas estão mais distantes, e os relacionamentos, mais superficiais. Vivemos em um mundo superficial?
É o mundo do *fast food*. Com a tecnologia, as informações são rápidas. Não há aproximação lenta e gradual, não há distância, e a intimidade depende dessa aproximação lenta e gradual. Mas não há paciência para isso, e nem para uma análise mais demorada, um estudo filosófico. Envolvimento implica em responsabilidade, em comprometimento. Estas experiências são desgastantes, dão trabalho. Vivemos uma época em que todos querem tudo rápido e fácil, é como se a preguiça estivesse no comando de tudo. Isso representa uma desumanização. Tudo isso leva a doenças como depressão e síndrome do pânico, pois todo ser humano tem angústia, e por nos angustiarmos, sentimos medo. Se tomo um remédio para afastar a angústia, não a percebo, e sobra o medo. O contato direto com o medo leva ao pânico e à depressão.

Como uma pessoa pode dar os primeiros passos se quiser aceitar o desafio de vencer seus problemas e desenvolver-se interiormente?
A pessoa que está trancada e presa, e que decide procurar um terapeuta, vai ser provocada por ele nas suas questões fundamentais, com a finalidade de adquirir autonomia. A angústia que ela sente a tira do conforto habitual e a põe diante dela mesma e do mundo, e essa é uma oportunidade para se aproveitar para redirecionar ou não sua existência.

Um dos grandes desafios do homem contemporâneo é ter uma vida saudável. E é comum que as pessoas sintam ansiedade. Mas a ansiedade não é uma atitude fisiológica normal, responsável pela adaptação do organismo às situações novas? A ansiedade e o estresse não são mecanismos saudáveis que podem significar alerta?
É como se fosse um estado de espírito. Vivo hoje na ânsia de tudo, desejo ilimitado, voracidade. Não tenho tempo para o ócio, só para a ansiedade. É um estado de coisas que aprisionam e, nesse sentido, é insalubre. Tudo aquilo que me restringe, que me pressiona, é doentio. Se reagir a isso é sempre adaptação, a ânsia ou o estresse podem não ser doenças, mas são conseqüência saudáveis dessa adaptação.

Existe um ponto de equilíbrio e de estabilidade emocional que o homem atinge ou todos somos tensão e angústia, insatisfação básica o tempo todo?
Somos seres que, assim que nascemos, começamos a ir em direção à morte. Não somos *Homo sapiens*, mas, sim, *Homo mortalis*. Sempre estamos em busca de atualizar o que ainda não foi, sujeitos a momentos de felicidade e plenitude, e também a chuvas e trovoadas. Viver bem é poder aceitar isso e dançar a melodia. Viver mal é contestar isso e ficar querendo superar a própria condição humana o tempo todo.

Capítulo 3

VENCENDO O MEDO DE DIRIGIR

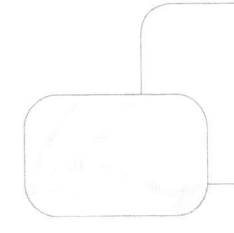

Tornando-se motorista nas cidades grandes

A tensão é uma característica básica do dia-a-dia nas cidades grandes. Medo e ansiedade são acepções do caos interior que predomina nos indivíduos obrigados a uma vida sedentária.

As notícias assustadoras nas reportagens de TV e a violência concreta ameaçam a população. A insegurança cresce e os conflitos não equacionados atingem o organismo sob a forma de doenças. A falta de qualidade de vida contribui para que as coisas se compliquem. Falta tempo, dinheiro, melhor oportunidade de trabalho e relação afetiva satisfatória. É o contato com muitas "faltas" e poucos preenchimentos.

Os exercícios físicos, a alimentação saudável e as boas noites de sono passam longe da maioria das pessoas. A poluição sonora e atmosférica, o dia-a-dia tumultuado (com muitas pessoas manifestando agressividade crescente), o trânsito intenso (com aumento de tempo de percurso por causa dos engarrafamentos) e a paisagem degradante são características presentes nas cidades grandes.

É nesse quadro nada favorável e tampouco agradável que o motorista vai adquirir a sua carteira de habilitação. Provavelmente buscará uma auto-escola próxima de casa ou do trabalho e começará a sua trajetória de motorista. As auto-escolas não têm como finalidade oferecer um serviço de "formação de motorista". É como a preparação para um vestibular: passar no vestibular não implica, necessariamente, uma boa formação.

Portanto, algumas aulas na auto-escola preparam o aluno basicamente para adquirir sua carta de habilitação por meio dos exames teórico e prático. Com essas aulas iniciais, o aluno não está preparado tecnicamente nem emocionalmente para dirigir no trânsito das grandes cidades, nas estradas, para estacionar no shopping, entre outras situações difíceis para quem está somente começando seu percurso de motorista.

Esse aluno vai vivenciar situações muito tensas no trânsito, em que dificilmente alguém irá ajudá-lo. O desrespeito entre os motoristas é muito grande: em situações difíceis para o motorista inexperiente, os mais experientes não tentam ajudá-lo, mas xingam e não entendem a situação. Estão, unicamente, interessados em chegar rápido ao trabalho e em seus próprios desejos. Ajudar o inexperiente a estacionar, dar uma dica ou ensinar-lhe um caminho quando está desorientado nas ruas – tudo isso faz parte da boa educação, cidadania, solidariedade, enfim, há um conjunto de atitudes e valores éticos que estão passando longe da grande parte das pessoas.

É fácil ocorrer a desorientação do motorista novo, porque ele nunca dirigiu e não sabe conduzir o veículo até onde precisa. Estar perdido é uma sensação desagradável. Se assemelha à experiência de ficar sem chão em uma piscina funda para quem está começando a nadar. É uma sensação de insegurança desconfortável. É o contato com as situações desconhecidas. O treino para saltar no fundo da piscina é o contato com o desconhecido, com as profundezas. Ao treinar o pulo do trampolim, ocorre a mesma situação. Certa vez, estava assistindo ao treino de um menino que ia para a frente, mas não tinha coragem de pular, e recuava. Olhava a piscina lá embaixo, tentava novamente, mas voltava para trás. A professora, então, percebeu que o medo o paralisava e mandou-o pular do trampolim mais baixo, com o qual ele já estava acostumado. O ser humano precisa testar seus limites.

Depoimento

*Eu dirigia, mas me sentia estressada
por enfrentar o trânsito todos os dias*
I.H., 60 anos, dona de casa

Eu tirei carta aos 30 anos. Vim de um sítio no Paraná para São Paulo, aos 20 anos. Aos 30, meus filhos estavam estudando, eu precisava levá-los para a escola. E precisava também ir cedo para o meu trabalho. Achei que aprender a dirigir facilitaria a minha vida, o que, de fato, ocorreu.

Eu dirigia para todos os lugares, em todos os bairros de São Paulo. Mas não ia tranqüila, estava sempre com receio. Receio de bater o carro, de que os motoristas não fossem respeitar – como realmente não respeitam – as regras do trânsito. Então era um estresse constante. Eu dirigia, mas me sentia estressada por enfrentar o trânsito de todos os dias e dos horários para chegar a um lugar, para estar em outro. Era uma loucura. Até que, aos 40 anos, tive síndrome do pânico e outros problemas de saúde, então parei de dirigir. Além dos problemas de saúde, perdi uma filha de 27 anos, que morreu num terremoto no Japão, e perdi um filho aos 21 anos, que morreu praticando tiro ao alvo.

Eu sempre fui uma pessoa muito ansiosa e preocupada, e com todos esses problemas, piorei ainda mais. Mesmo estando bem em relação à síndrome do pânico, não tive mais vontade de pegar o carro. Um dos motivos é que as pessoas são muito mal-educadas no trânsito, buzinam e não têm paciência.

Adoro andar de ônibus e não vejo necessidade de dirigir. No ônibus estou livre, ninguém buzina, ninguém me estressa. Pego o ônibus na hora em que eu quiser, e também volto na hora que quiser.

Quando eu dirigia, era um tormento na minha vida. Nunca gostei. Então, andar de ônibus é um alívio, uma tranqüilidade. Eu pego um ônibus para São Roque no metrô Barra Funda quando vou visitar minha mãe. É um ônibus confortável, com ar-condicionado e TV.

Não tenho do que reclamar na minha vida. Não dirijo, mas eu não dependo de ninguém. Vou para todos os lugares que desejo. Minha irmã tem 48 anos e nunca dirigiu. É uma pessoa independente e segura. Mora em Curitiba, numa casa cheia de plantas e verduras. É casada, é excelente profissional, fez faculdade e já está aposentada.

Nunca soube se ela tem medo de dirigir. Eu sei que ela enfrenta tudo: se tiver de resolver um problema de saúde, vai e resolve, se tiver de providenciar um documento, vai e providencia. Ela não enxerga dificuldades nas coisas. É dinâmica e feliz. A minha irmã tem muitas habilidades para artesanato, decoração, cozinha e arquitetura. Ela projetou a casa em que mora.

Quanto a mim, sei também que tenho várias habilidades para artesanato e outros trabalhos, mas a minha forma de reagir diante das coisas é mais depressiva. Eu fui criada sozinha no Paraná. Aos sete anos fui para a casa de uns parentes e minha avó cuidou de mim. Eu sentia falta da minha mãe. Eu sentia falta de tudo: de brinquedos, de roupas, etc. Fiquei com medo da perda, da falta. Tento dar de tudo para os meus netos porque não quero que eles sintam falta das coisas.

Nós éramos sete irmãos, meu pai era muito autoritário, rígido, e seguia o regime japonês. Desde a infância até a adolescência, eu era muito tímida. Tinha muito medo da mentalidade rígida do meu pai, que queria me arrumar um homem para casar. Quando meus pais anunciavam que vinha um rapaz em casa que eles iam me apresentar, eu ficava apavorada e ansiosa.

Então resolvi casar com um rapaz que trabalhava no sítio em que morávamos, só para não casar com alguém que meu pai me empurrasse. Minha mãe não queria o casamento porque o rapaz era pobre. Mas casei, e estamos casados há 41 anos. Nos entendemos bem, e ele é ótimo companheiro.

Superando os momentos difíceis

O motorista novo vai sempre pelo mesmo caminho. Sente medo de experimentar algo diferente. Quando tenta algo diferente, sente medo de não conseguir. Então ele pensa e tenta decidir se fica no mesmo caminho conhecido ou se experimenta outro. Se resolver experimentar, é um desafio a ser vencido. Vence e sente-se vitorioso. Apesar de todas as dificuldades para acertar o caminho, acertou. Se a experiência foi boa, com um nível de ansiedade suportável, ele vai querer tentar de novo. Se a experiência foi extremamente ansiosa e com algum acontecimento muito desagradável no meio do caminho, ficará receoso de tentar novamente.

Estudar o caminho, anotar no papel, utilizar o guia e ir com alguém (um amigo, por exemplo) são elementos facilitadores nos momentos difíceis. A experiência positiva é muito importante, já que é por ela que o motorista seguirá seu caminho de aprendizado e aperfeiçoamento com o veículo. A experiência positiva gera vontade de seguir adiante, de enfrentar novos desafios e, assim, adquirir habilidade. Contudo, é um período de ansiedade e insegurança. É um momento delicado em que certas pessoas podem sentir uma grande incapacidade, passando a se desqualificar.

Quando a ansiedade não diminui e as experiências com o carro passam a ser muito difíceis, o aluno poderá tentar algum curso de aperfeiçoamento ou um curso específico para perder o medo de dirigir. Atualmente, há vários cursos com a finalidade de ensinar a técnica ao aluno e desenvolver a autoconfiança. Os cursos geralmente oferecem um atendimento psicológico e aulas práticas no carro. Vamos tratar deste assunto no próximo item.

Temos um problema mundial sério no que se refere a esse fenômeno de massa, que é o automóvel particular. Depois da Segunda Guerra Mundial, o automóvel passou cada vez mais a representar artigo de consumo e símbolo de status social.

O trânsito no Brasil

As cidades não estão planejadas para absorver o crescimento da frota de veículos. No Brasil, o estímulo ao uso de transporte coletivo não funciona devido às suas péssimas condições de funcionamento.

O trânsito no Brasil é considerado um dos piores e mais perigosos do mundo. Os acidentes de trânsito representam um problema social em todos os países, mas no Brasil é mais grave por causa da impunidade. Os índices de morte no trânsito brasileiro são superiores aos dos EUA e de países da Europa. O Brasil tem um prejuízo anual de R$105 milhões com acidentes de trânsito. São custos com perdas em produção, custos médicos, previdência social, custos legais, perdas materiais, despesas com seguro e custos com emergências. O Rio de Janeiro é o Estado em que há infrações mais freqüentes, e 41% dos acidentes são causados por excesso de velocidade. Em São Paulo, são 28%, e em Brasília, 21%.

Os atropelamentos são responsáveis por 36% das mortes nas estradas brasileiras, sendo que 64% dos acidentes são causados por falhas humanas. As duas principais causas de acidentes são: dirigir sob efeito de álcool e substâncias entorpecentes e trafegar em velocidade inadequada. O governo faz campanhas para a educação no trânsito, oferecendo informações sobre direção defensiva para prevenir acidentes. Mas a falta de consciência e de cidadania são mais fortes e a realidade é que o trânsito ainda é o lugar do caos; o lugar da expressão dos desgostos e da falta de educação das pessoas; o lugar da indisciplina e do desrespeito.

O adolescente que dirige compensa sua angústia e sua apatia no trânsito. Enlouquece com a velocidade, que representa, para ele, sentimento de grandeza e fantasia onipotente. A população, em geral, vive com medo de parar no sinal de tráfego. É o risco de ser assaltado que assusta e que faz pensar sobre as condições de vida das pessoas. Pobreza, desemprego e criminalidade traduzem condições de vida desfavoráveis. Se o país tem todos esses problemas, como o trânsito pode ser organizado?

O trânsito é o reflexo de uma sociedade cheia de problemas graves. As campanhas podem ajudar na conscientização. No entanto, é preciso verificar os problemas mais profundos que acometem a nossa sociedade. As orientações da campanha "Não à violência no trânsito por amor à vida" são:

1. Conheça as leis do trânsito.
2. Use sempre cinto de segurança.
3. Conheça detalhadamente o veículo.
4. Mantenha seu veículo sempre em boas condições de funcionamento.
5. Faça a previsão de possibilidades de acidentes e seja capaz de evitá-los.
6. Tome decisões corretas com rapidez nas situações de perigo.
7. Não aceite desafios e provocações.
8. Não dirija cansado, sob efeito de álcool e drogas.
9. Veja e seja visto.
10. Não abuse da autoconfiança para não colocar sua vida, nem a de outros, em risco.

Escolas para medo de dirigir

Os instrutores das escolas para medo de dirigir colocam-se como especializados neste trabalho. Eles estão mais acostumados com alunos com dificuldades e parecem ter mais paciência.

Muitas pessoas tentam aprender com o marido, namorado, pai, irmão, etc., mas não parecem ter bons resultados. Como a pessoa que se propõe a ensinar não tem um preparo técnico, o relacionamento pode se desgastar e acabar com uma sensação de fracasso de ambas as partes. Na verdade, é difícil lidar com o que não se sabe. Quando a pessoa sente e diz: "Eu sei", ela está segura e certa, está em uma posição confortável. Quando a pessoa sente e diz: "Eu não sei", ela está insegura pelo próprio fato de não saber, pelas pressões sociais, pelas cobranças internas, por uma enorme expectativa em saber e aprender logo, pela sensação de estranheza, entre outras emoções. Ela pensa em quem vai ter paciência com as suas dificuldades, com o ritmo de seu aprendizado, com o seu alto grau de ansiedade.

O próprio aluno é que é testado e exigido nesta situação com relação ao seu grau de paciência. Ele terá que desenvolver uma grande paciência com seus erros e com as várias fases do aprendizado. Muitas vezes, a sensação de incapacidade é intensa e o faz desistir. A sua convicção o leva a tentar por vários motivos, sua força o leva a crer que vai prosseguir mas, em determinado momento, uma emoção forte o impede. Depois de algum tempo, o aluno poderá retornar ao aprendizado e parecer renovado e com uma força nova. Esse desenvolvimento da força interna é gradual, não ocorre automática e rapidamente. Cada pessoa tem o seu tempo interno de elaboração de emoções. O grau de ansiedade pode ser muito elevado e não sumir como uma mágica. Há, entretanto, um trabalho de persistência e autoconhecimento.

A falta de experiência com o carro e o medo desproporcional disparam uma ansiedade que pode ser dominada aos poucos com exercícios de alongamento e yoga. Entender o problema também ajuda a dar mais segurança, isto é, saber o que está acontecendo: de onde vem esse medo, quando se está com medo, etc. O aluno deve preparar-se técnica, física e mentalmente para desenvolver a tranqüilidade e a segurança.

Tirar carta hoje, ganhar ou comprar um carro amanhã e sair imediatamente dirigindo não é uma boa estratégia. Acidentes podem ocorrer justamente por causa de atitudes precipitadas de pessoas que acham que são capazes, mas não enxergam seus próprios limites. Dirigir é uma responsabilidade e é perigoso.

É saudável ter um pouco de medo

É saudável ter algum medo de dirigir. Não é fácil dirigir nos grandes centros urbanos e nas estradas; é um enorme desafio. Imaginemos esse medo redobrado, que é caso de um motorista novo. Dirigir não é brincadeira, não é ato de lazer; pelo contrário, exige uma grande atenção e lucidez. O apoio ao motorista novo é muito importante para que adquira confiança gradualmente. Ele só vai dirigir bem, e com tranqüilidade, se não for impulsivo demais e se conseguir desenvolver a consciência.

As pessoas não dirigem bem quando não estão conscientes do que estão fazendo. Aquelas com muito medo de dirigir, em certos momentos de ansiedade, perdem a noção do que estão fazendo. O domínio do emocional fica de lado e passa a existir o descontrole. A ansiedade toma conta dos pensamentos e a mente fica vazia, como se a pessoa tivesse esquecido de tudo o que aprendeu. Estacionar o carro e respirar calmamente pode ajudar a voltar ao equilíbrio. Dirigir com o coração disparando e com muita ansiedade não traz efeitos positivos.

É necessário certa agressividade para dirigir. Se a pessoa estiver demasiadamente calma, não terá atenção suficiente para dominar o carro. Se estiver muito nervosa, não terá condições de fazer os movimentos mais eficientes para dirigir bem. O equilíbrio vai sendo conquistado com o aprimoramento e com o autoconhecimento.

Depoimento

*Ao ver que estava escurecendo,
o pânico tomou conta de mim*
S.M.C., 43 anos, auxiliar de cabeleireira

Quando eu tirei carta, em 1992, foi uma alegria. Depois de um ano, fiz aulas para adquirir segurança. Estava dirigindo bem, mas tinha medo de dirigir sozinha e medo do trânsito. Comprei um carro aos 30 anos de idade. Eu dirigia pouco com ele, então vendi o carro.

O meu pai me deu um fusca. Ele me incentivou a dirigir sozinha. Fui, pela primeira vez, dirigir sozinha com o meu fusca. Era um sábado e fui trabalhar de carro. Meu pai tirou o carro da garagem para mim e lá fui eu, com muito medo de o carro morrer. Durante todo o caminho, fui em segunda marcha. Fui ao posto, coloquei gasolina. Estava me sentindo o máximo, apesar do medo.

Cheguei ao trabalho muito feliz, falei para as minhas colegas que tinha vindo de carro e sentia orgulho de mim mesma. Foi escurecendo e de repente já era noite. Ao ver que estava escurecendo, o pânico tomou conta de mim. Tinha pânico de voltar sozinha à noite. Voltei com duas amigas. Todos os motoristas de outros carros me olhavam porque eu não tinha acendido o farol.

Quando fui fazer o retorno na ponte do Morumbi, a porta abriu. Consegui fechar a porta. As minhas amigas estavam com medo. Deixei-as no ponto de ônibus. Fui embora sozinha. Passei em duas lombadas. Na primeira, passei normalmente. Na segunda, bati meu carro em outro cheio de homens. Os homens desceram, me olharam e riram da minha cara. O meu carro amassou totalmente e eu cheguei em casa chorando.

Falei com meu pai aos prantos. Ele perguntou se tinha acontecido algo comigo, eu disse que não, e ele disse que tudo bem. Comprei outro carro. Fui novamente para o trabalho de carro. À noite, na hora de voltar para casa, deixei o carro no trabalho porque tinha medo de enfrentar o trânsito. A minha irmã foi buscar o carro para mim no meu trabalho.

Fui com esse carro três vezes para Ibiúna e levei a minha família. Eu gostava de pegar estrada porque não tinha que parar. Não gostava de parar no farol. Fiquei com esse carro dois anos.

Agora me acomodei e não dirijo há quatro anos. As minhas colegas no trabalho insistem para que eu dirija. Tem uma colega que conseguiu vencer o medo com aulas especiais e me deu o cartão. Não fui procurar. A minha família também me incentiva a dirigir, mas eu ainda não fui procurar nenhuma ajuda.

Estágios para aprender a dirigir

Os estágios educativos para aprender a dirigir um automóvel são:

Conhecimento do veículo – o conhecimento do veículo não é dirigir, é conhecer apenas. Várias pessoas deixaram de dirigir há muito tempo e pensam em retornar. A melhor forma de retornar é estabelecer uma boa relação com o carro. Comprar um carro e não depender do carro do marido é interessante porque é um primeiro passo para a independência. É diferente dirigir o carro próprio. Os carros de auto-escola e de outras pessoas não têm a sua identidade. O seu carro é *seu*, combina com o seu jeito e você pode colocar o que gosta dentro dele, como se fosse a sua casa. Provavelmente, alguma relação afetiva com o carro você desenvolverá, pois ele o levará para muitos lugares e será como um companheiro da sua luta diária.

Leia o manual do carro para entendê-lo, olhe-o por dentro e sente-se todos os dias, de preferência no mesmo horário, no banco do motorista. Relaxe dentro do carro sem ligá-lo. Você pode praticar algumas respirações profundas e ouvir uma música. Fique no carro todos os dias, por 15 minutos. Esse procedimento deve ser feito por uma semana no mínimo ou pode se prolongar até que a pessoa sinta alguma vontade de ligar o carro. É importante que esteja sozinho, sem ninguém.

Domínio do veículo – nesta fase, o aluno já terá ligado o carro e tentará dirigir até a esquina de sua casa. Fará um breve percurso com tranqüilidade e com a ajuda de um profissional. Esse mesmo percurso será realizado uma vez por semana com o profissional ao lado e, todos os dias, o aluno poderá realizar sozinho esse percurso. Quando o profissional e aluno perceberem que o mesmo percurso está fácil e sem novidades, seguirão por outros caminhos. As metas vão sendo estabelecidas de acordo com cada aluno e seus objetivos específicos. Alguns alunos precisam aprender a dirigir até o trabalho. Alguns querem apenas dirigir até o supermercado. Outros desejam treinar para dirigir nas estradas.

É importante salientar que dirigir pela manhã é completamente diferente de dirigir à noite para quem está começando o aprendizado. O profissional que está orientando o aluno deve levá-lo para fazer algumas aulas à noite.

Domínio de si e autocontrole – quando o aluno percebe que está conseguindo dirigir seu carro obtendo experiências positivas, ganha autoconfiança. No entanto, os altos e baixos estão muito presentes: um dia o aluno acerta e vai muito bem, outro dia erra muitas coisas e parece que regrediu. Quando o aprendizado vai evoluindo para situações novas e mais difíceis, a ansiedade aumenta e o aluno pode se assustar. Por exemplo: estacionar em uma vaga desconhecida é um novo desafio. Diante desse desafio, o medo pode deixar o aluno inseguro e imaginar que desaprendeu. Mesmo algumas situações já bem conhecidas podem ainda oferecer medo e insegurança. A construção de uma base sólida, firme e segura é um trabalho técnico e emocional.

Os altos e baixos ocorrem até com motoristas experientes, causando, às vezes, alguns deslizes. Em geral, eles não se cobram muito e tudo termina em bom humor. Mas quem está começando tem uma cobrança grande e está mais em contato com a tensão do que com o bom humor.

As comparações não ajudam e podem atrapalhar. "Aquela pessoa dirige melhor que outra." "Tenho vergonha de dirigir com essa pessoa porque ela dirige bem e eu não." Cada pessoa tem o seu ritmo de aprendizado e dirige de seu jeito. Há pessoas que começam aos 18 anos e pegam o carro todos os dias. Há pessoas que começam aos 60 anos e não dirigem freqüentemente. São situações totalmente diferentes: pessoas e trajetórias de vidas diferentes.

A tendência de massificar, igualar e padronizar é uma forma de reduzir o ser humano a uma "coisa". Não é gente, é algo sendo manipulado. Se deixar manipular é aceitar a massa, todos têm de ser iguais, com o mesmo modo de ser e com o mesmo padrão de pensamento. O não saber e o não dominar é fragilidade para uma sociedade alienada em seus princípios de materialismo e consumismo. O poder e o controle são essenciais para aparecer e aparecer nos meios de comunicação de massa, na mídia, é a ilusão de estar bem e com as coisas da vida bem resolvidas.

O introspectivo, que não aparece porque pensa mais do que fala, não lidera. Não lidera a audiência. Se ele não tem audiência, quem é ele? Um excluído. Aquele que não sabe. Aquele que ninguém ouve. A sensação de exclusão é um carro-chefe para desgovernar as tentativas de êxito para quem tem medo de dirigir.

O domínio de si é um processo de aceitação de si. Aceitar e assumir o que se é com os defeitos e as qualidades. É preciso mudar a relação com o não saber. Aceitá-lo, não como um defeito, mas como uma virtude e como uma possibilidade de crescimento pessoal. Aceitar as sensações desagradáveis do não saber. Muitas vezes, não é possível controlar a angústia, mas entendê-la. Ampliar o raciocínio e a visão ajudam a desenvolver o emocional, não com a finalidade de acabar com a fobia, mas, sim, de ampliar-se enquanto ser humano sensível e pensante.

Domínio do trânsito em geral – o autoconhecimento vai ajudando a pessoa a se entender melhor e a ansiedade vai diminuindo ou sendo modificada. Na prática diária com o veículo, o aluno vai conseguindo enfrentar o trânsito. Isso ocorre sem um tempo determinado, como "em um mês você vai aprender a dirigir seguindo as regras do instrutor".

Contudo, é importante estabelecer metas. "O foco é aprender a dirigir e vou conseguir, em curto prazo, chegar a determinado bairro que é o meu objetivo". A vontade e a determinação são aliadas de um trabalho contínuo e sólido. Ter vontade de ampliar, dirigir em vários lugares, cidades, etc. mostra que o indivíduo conseguiu alguma modificação na sua vida rotineira e na sua vida emocional.

Psicanálise e terapia

A psicanálise procura reconstruir a história individual por intermédio de sessões com analista e paciente. Se a pessoa tem medo de dirigir, isso é reflexo de alguma angústia interna e, portanto, trabalha-se com a angústia e não com a fobia em si.

A terapia cognitivo-comportamental procura expor o indivíduo à situação temida. O acompanhante terapêutico vai ao carro com a pessoa e treina-a para dirigir com tranqüilidade. Além disso, paciente e terapeuta refletem sobre o medo, de maneira a constatar que ele é infundado. Nessa terapia, o foco é a cura da fobia. Assim, o paciente aprende a lidar com o medo, mas a angústia permanece.

Se a ansiedade é uma atitude fisiológica normal, responsável pela adaptação do organismo às situações novas, a prática de exercícios pode reduzir o estresse, diminuir a ansiedade e gerar um bem-estar para que o indivíduo possa dirigir um automóvel. Exercícios, alongamento, relaxamento e controle respiratório têm sido utilizados em pacientes com medo de dirigir.

A problemática humana, conforme refletimos nos capítulos anteriores, é muito mais complexa do que um alívio da dor. Refletimos também que o sofrimento, os medos e as angústias fazem parte da vida, da subjetividade, das camadas mais profundas do ser humano. Contudo, há várias situações na vida que precisam ser resolvidas de forma mais simples e rápida. Alguém com medo de avião, que necessita viajar pois está com a viagem marcada, precisa de uma solução rápida para perder o medo. Essa pessoa não irá mergulhar profundamente na questão do medo, mas irá solucioná-la em pouco tempo. O mesmo ocorre com alguém que necessita viajar ao exterior e terá que dominar a língua, rapidamente. Fará um curso básico e rápido e, para essas situações, é indicada a terapia cognitivo-comportamental. Se a pessoa quiser se aprofundar em si mesma e em seus problemas, será indicada a psicanálise.

Depoimento

As sessões com a psicóloga estão me ajudando bastante
M.M., jornalista, 39 anos

Aos poucos estou superando o meu medo. As sessões com a psicóloga, a massoterapia e a escola para medo de dirigir estão me ajudando bastante. Gasto muito tempo para ir até o meu trabalho de ônibus. Ontem fui pela primeira vez de carro. O meu avô foi me acompanhando.

Já peguei a Marginal sozinha, fui e voltei para zona leste também sozinha. Já dirigi até Atibaia com amigas num dia chuvoso. Evito situações difíceis, como baliza e estacionamentos cheios. Fico apreensiva.

Comprei um carro há pouco tempo e há alguns anos atrás, já tinha comprado um e o vendi por medo de dirigir. Agora resolvi enfrentar novamente o medo. Eu pensei: "Todos conseguem, por que eu não consigo?". Resolvi me desafiar. Estou mais caseira, saio menos atualmente porque ainda me sinto insegura de dirigir o meu carro.

Pegar ônibus me estressa, eu não gosto. A demora me deixa com raiva. Em dias de chuva tenho que ficar no ponto de ônibus esperando, depois o ônibus faz um trajeto demorado e o trânsito é complicado. Eu estou muito determinada a dirigir por esse motivo.

Passei um período com mal-estar e insônia por causa do medo de dirigir. Eu pensava que tinha de dirigir no dia seguinte e então tinha insônia. Além da insônia, meu diabetes subiu. A expectativa para saber se vou conseguir tirar o carro da garagem ou se vou bater é difícil. Mas percebo que, aos poucos, esse mal-estar vai diminuindo e a autoconfiança, aumentando. Se eu vender esse carro como já vendi o outro, eu me sentiria fracassada. Então, estou determinada a conseguir.

Dicas para não ter medo de dirigir

Algumas orientações gerais podem ajudar numa auto-análise e auxiliar a vencer o medo de dirigir:

1. É importante o estímulo positivo para o aprendizado; dirija ao lado de alguém que lhe ofereça estímulos positivos para motivação.

2. Não pense nos seus problemas na hora de dirigir, deixe as frustrações entre parênteses e tente pensar positivo, pois a motivação mental ajuda a superar obstáculos. Se algum pensamento negativo vier à sua mente, afaste-o, procurando imaginar uma tela em branco. Por exemplo: surge na sua mente a idéia de um desastre de automóvel e você está dirigindo. Anule esse pensamento com a tela mental em branco. Em seguida, coloque na sua tela mental a imagem de que você está dirigindo tranqüilamente. Tente sentir-se confortável dentro do carro. Se estiver muito calor e houver a possibilidade de ligar o ar-condicionado, ligue-o. Ajuste o banco como for melhor para você e perceba tudo aquilo que influi para melhorar o ambiente dentro do seu carro. Uma boa orientação também é dirigir sempre de tênis, e se possível, evitar sandálias de salto alto. Leve as sandálias no carro para colocá-las depois, mas dirija de tênis.

3. Não pense no medo somente como algo ruim que bloqueia, pense que o medo é natural, principalmente quando não se tem muita experiência ao volante. O medo do trânsito, o medo de estacionar, etc. vão sendo superados com a prática. A prática

oferece uma oportunidade de vivenciar situações que antes eram desconhecidas e que agora passam a ser mais conhecidas até se tornarem mecânicas. Você terá medo na primeira vez em que for dirigir no trânsito; se esse medo não paralisar a experiência, você seguirá em frente. Na próxima vez, evitará ou não dirigirá novamente. Se não evitar, também sentirá medo, mas já será um medo diferente, pois ele permitiu realizar a experiência. Daí você se conscientiza de que pode dirigir com medo. Mesmo dirigindo com medo, estará apto a fazer as manobras necessárias. Se errar as manobras, saberá corrigi-las e sair da situação difícil, mesmo que demore algum tempo. Você está dirigindo com medo, enfrentando o seu medo, e não está bloqueado, sem ação.

Se você sente medo de dirigir no trânsito intenso, uma boa orientação é comunicar-se por meio de gestos; por exemplo, pedir passagem para um motorista por um gesto com a mão. A sua ultrapassagem será mais tranqüila e haverá mais controle da situação. Em várias situações você poderá utilizar gestos para manter uma comunicação mais segura e amigável com outros motoristas.

4. Pratique alongamento, yoga ou algo que possa acalmar antes de dirigir, se estiver muito ansiosa. Reflita sobre os seus limites e não se cobre demais. Não se cobre aprender a dirigir logo e bem. Não se exija ser capaz em todas as esferas da vida. Não se compare com outras pessoas, cada um tem as suas habilidades e as suas características pessoais. Respeite-se do jeito que você é. Aceite-se. A auto-aceitação é amor próprio. A aceitação dos momentos de desânimo e dos momentos de vitória fazem parte da sua história. Lembre-se de que recaídas podem ocorrer, ou seja, de repente você está entusiasmada porque conseguiu algo que não conseguia antes, porém, dias depois pode parecer que regrediu. Isso faz parte do aprendizado, um dia você está melhor, consegue mais fácil, no outro está pior, as coisas são mais difíceis. Os dias não são iguais e as pessoas não acertam tudo, todos os dias. A atenção e a consciência desses vários momentos são importantes para perceber os seus limites, para observar quando é hora de parar, quando é hora

de continuar. Por exemplo: você está dirigindo, mas percebe que não está dirigindo com consciência, está ansiosa demais ou cansada demais. Essa, talvez, seja uma boa hora para parar e relaxar. Você não está conseguindo prestar atenção, as coisas que faz não estão dando muito certo, você tenta várias vezes e não consegue acertar, e isso está lhe deixando exausta. Então quem sabe parar um pouco possa lhe fazer bem, e, no dia seguinte, você poderá retomar com novo ânimo.

5. Não pense muito no fato de que irá dirigir no outro dia. A expectativa do dia seguinte pode ser desgastante. O que vai enfrentar amanhã deixe para amanhã, viva o hoje procurando se distrair e fazer coisas boas.

6. Pergunte-se o que representa o carro para você. Você gostaria realmente de dirigir ou não? Essa é uma decisão somente sua, é extremamente particular. Não deixe as pessoas interferirem na sua decisão. Analise as suas idealizações em relação ao carro, se gostaria de dirigir – para provar para você mesma e para os outros? Analise que o carro não é um monstro (persecutório) e nem é maravilhoso (idealização). Ele é uma máquina que pode lhe ajudar, ou não, no seu dia-a-dia. Em certos momentos, pode representar uma necessidade em sua vida, como levar rapidamente alguém ao hospital; em outros momentos, pode não ser tão interessante e, assim, ser mais prático pegar um metrô.

7. O erro nos ensina algo, mas ele não deve paralisar o aprendizado, pois nos faz aprender para as próximas ocasiões. É pelo erro que percebemos onde estão as nossas limitações e onde podemos melhorar.

8. Se você parar de pegar o carro regularmente, poderá desistir. A recaída faz o medo voltar. Desistir um pouco pode significar desistir a vida toda. Quem está começando a dirigir e deixa de pegar o carro por uma semana, depois deixará por um mês, por três meses e, sem mesmo perceber, terá se passado um ano, e então muitos anos. É fácil desistir, é mais difícil continuar.

9. Se você andava de ônibus ou metrô durante muitos anos sem utilizar-se do carro como motorista, pense que a sua vida mudará. Pense nos aspectos positivos e negativos dessa mudança. Antes, um motorista dirigia para você, você era levada para os lugares. Agora você dirigirá e terá o comando das situações. Algumas pessoas podem viver um estranhamento porque estavam protegidas por alguém que dirigia. Era mais fácil e cômodo. Então podem vivenciar uma despedida de uma posição passiva para encarar uma outra posição. No começo pode ser difícil, mas com o passar do tempo e com a persistência, geralmente a posição ativa vai se tornando natural e não se pensará mais sobre isso. Mas evidentemente é uma mudança em sua vida, que algumas pessoas encaram como positiva, e outras encaram como negativa e retornam à mesma vida de utilização do transporte coletivo, dizendo que não pegam ônibus lotados, utilizam bons ônibus, aproveitam para fazer caminhadas, descansam no banco do coletivo e até fazem leituras de livros ao invés de enfrentar o cansaço físico e mental ao dirigir no trânsito congestionado da cidade grande.

10. Você não é seu medo de dirigir. Não se coloque esse rótulo e não permita que as pessoas olhem você dessa forma. Não admita preconceitos e restrições quanto à sua pessoa, como é boba, não consegue, é incapaz, não sabe dirigir, etc. No trânsito, dirija do seu jeito, com sua consciência. Se xingarem ou buzinarem, não entre na agressão dos motoristas e não se sinta menor. A atitude tranquila é a melhor. A tranquilidade que você desenvolveu nas aulas de yoga pode ajudar a superar os momentos difíceis no trânsito.

11. Depois de ficar horas no trânsito infernal e caótico, você poderá sentir-se muito cansada. Terá de prestar muita atenção durante o trânsito e será exigida em situações que geram estresse. É comum chegar em casa com desgaste físico e mental. Isso ocorre com todos os motoristas, desde os mais experientes até os menos experientes. É uma sensação nada agradável que algumas pessoas sentem mais; outras tornam-se mais mecânicas e conseguem desconsiderar o cansaço. Um relaxamento num ambiente silencioso, com uma música suave, pode ajudar a amenizar o desgaste.

12. Existem pessoas que se sentem bem do jeito que estão. Sentem-se felizes sem dirigir. Não é o fato de dirigir em si que oferece felicidade à vida de alguém. Dirigir pode ser importante, mas há muitas outras coisas importantes na vida também. No entanto, há pessoas que tem o sonho de aprender a dirigir e sentem-se frustradas por não conseguir. Quando conseguem, parece que houve uma libertação, como se vivessem prisioneiras e, então, o mundo se abriu. O auto-respeito é importante, pois o ritmo da sociedade contemporânea é cruel e pode não condizer com o que você está pensando e com aquilo que você é verdadeiramente. É uma sociedade que cobra um desempenho a todo o momento. É fundamental analisar o que a sociedade cobra e o que você deseja. Caso contrário, você nunca vai ser você, vai ser um produto social.

13. Se você está com diminuição da auto-estima e identifica esse problema com o fato de não dirigir, pense mais amplamente e perceba outros aspectos da sua vida que podem não estar bem. Às vezes, ao melhorar outros aspectos da sua vida, começa a surgir uma força que lhe dá coragem para tentar dirigir.

Entrevista

Luís Paulo Neves, 39 anos
filósofo clínico e professor de Filosofia e
Bioética do Centro Universitário São Camilo de São Paulo

O que é o medo para a Filosofia Clínica?
Na Filosofia Clínica, não há uma teoria prévia que defina o que é o ser humano. Partimos da singularidade de cada pessoa, do que cada um é no seu modo único de ser. A pessoa é quem ela nos diz. Não há um padrão de comportamento ou modo de ser, nem conceitos de normal ou patológico, mas se busca compreender como determinada pessoa está estruturada e como ela lida com as questões de sua vida. Com isso, não há um puro relativismo, vale-tudo, mas, sim, a verdade subjetiva de cada um, ou seja, como as coisas são e significam para cada pessoa. Durante a vida, vamos construindo nosso modo de entender e valorizar as pessoas, acontecimentos e coisas que estão ao nosso redor, no contexto em que estamos inseridos. Sendo assim, o medo, a princípio, é um sentimento. Mas sem conhecer o modo de ser de uma pessoa, não é possível saber nada a seu respeito. Na Filosofia Clínica, busca-se saber como é o medo para uma pessoa singular. Então, a pergunta é: como é o medo para essa pessoa? Com o que está relacionado? Quando surge? Como varia? Para responder, resgatamos a história de vida da pessoa, que vai dar o contexto, as origens, e outras informações de quem apresenta uma queixa de medo. Nessa pesquisa, o filósofo clínico vai entender qual o "peso" desse medo, se ele cumpre uma função, se é uma resposta para uma situação difícil, a única possibilidade que se encontrou, ou se surgiu por uma situação traumática. As possibilidades são muitíssimas.

Como a Filosofia Clínica trabalha com o medo de dirigir?
Pesquisando-se tudo o que eu expus, pode-se saber como se conduzir na questão do medo de dirigir ou de qualquer outro. Talvez seja preciso encontrar um substituto para a função que o medo vinha cumprindo, pois extirpar o medo pode acarretar um problema maior. Ou talvez não seja esse o caso, e possa ser possível ajudar a pessoa a superá-lo sem maiores problemas. O filósofo clínico só saberá disso após uma profunda pesquisa sobre o modo de ser da pessoa. Claro que, em casos de não poder esperar o tempo necessário para um trabalho assim, poderá se buscar alternativas, porém, limitadas, pois não há um conhecimento profundo. Para alguns, muitas vezes, uma intervenção rápida já basta para ajudar a superar o medo de dirigir. Mas se as causas forem mais profundas, então provavelmente só um trabalho terapêutico mais criterioso, como o descrito antes, pode resolver.

Você já atendeu casos de medo?
Sim. Atendi um caso de síndrome do pânico. A pessoa fazia tratamento psiquiátrico e veio em busca de terapia. Após pesquisa da história da pessoa, os dados indicavam que esse medo intenso era uma síndrome do pânico. Não ficou bastante claro como esse quadro veio a se constituir, porque a pessoa não prosseguiu na terapia, mas ela atribuía a responsabilidade a todos, menos a ela. No momento em que comecei a questionar o que poderia ter acontecido, ela se afastou do trabalho terapêutico, de forma a não conseguir mais falar do assunto. A impressão é que o medo constituía um modo de ser da pessoa. Para superá-lo, era preciso mudar sua forma de reagir.

O medo faz parte do ser humano ou é algo que deve ser superado?
Para a Filosofia Clínica o que importa é a singularidade de cada pessoa, não há teoria pronta. O medo pode ter se tornado algo constitutivo em uma pessoa, ou então estar relacionado a determinados aspectos, cumprindo alguma função. Dependendo de como é o medo para alguém, pesquisa-se se deve ser superado ou não. Nem todos conseguem viver o processo clínico e dispor-se a mudar sua forma de ser para

uma outra que proporcione diferentes formas de lidar com as questões da vida. Em outro caso atendido, cujo problema não era medo, a pessoa deu a entender que não queria saber o que lhe acontecia e ficava focada nos sintomas. Chegou um momento em que a pessoa explicitamente disse isso. Portanto, é pela singularidade de cada um que iremos lidar com suas questões.

O que recomenda que se faça para superar o medo?
É preciso pesquisar como é a pessoa para saber lidar com suas questões, saber seus recursos e como se relaciona com o medo. Por exemplo, há pessoas para as quais entender como o medo se constituiu, ou o papel que ele exerce, já é suficiente para se desfazer dele. São pessoas para as quais o dado racional tem grande força em seu modo de ser. Já para outras não basta entender. É preciso ruminar, repetir, contornar, para, então, conseguir superar a situação. Outras, se conseguirem expressar isso de alguma forma, por exemplo, compondo uma música, fazendo um desenho ou alguma outra expressão artística, também podem conseguir superar o sentimento. Em outras palavras, uma boa terapia pode ajudar muito na superação de um medo, como o de dirigir. Há pessoas que conseguem resolver com os próprios recursos. Outras precisam de apoio. Para isso existem as terapias.

Entrevista

Roberto Antonio Aniche, 53 anos
médico ortopedista e médico do trabalho

Quais os motivos que levam as pessoas a terem tanto medo atualmente?
Existe uma indústria do medo: jornais, televisão, novelas, filmes, todos enfocando a violência contra o cidadão comum. Mesmo que, na maioria das vezes, nesse enfoque o "bem vença o mal", existe um sério prejuízo à sobrevivência, pois a violência que cria o medo já foi praticada.

Qual a sua visão sobre o medo de dirigir? Você tem pacientes com esse medo?
Insegurança em primeiro lugar, e medo de acidentes, a claustrofobia. As pessoas que têm medo de dirigir geralmente são inseguras em outros momentos de suas vidas, longe do volante. Tenho parentes que não dirigem, apesar de serem habilitados.

Cite alguns casos de pacientes que superaram medos e se renovaram como pessoas.
Alguns pacientes meus, que haviam tentado suicídio, se reencontraram, superaram o medo, principalmente o da solidão e rejuveneceram com a experiência.

Em que sentido o medo é importante na vida?
É importante para todos os seres vivos, já que dele depende a sobrevivência como espécie.

Quais as orientações para as pessoas que sentem medo e precisam superá-lo?
Encontrar e compreender o que provoca o medo nelas. Entender é o primeiro passo para a superação de todos os medos.

Observa-se que a maioria dos idosos não dirige. Esse fato está relacionado à depressão que existe nessa faixa etária?
A depressão no idoso ocorre por vários motivos: pela própria idade, que já traz uma depressão intrínseca se o idoso não tiver uma estrutura psicológica trabalhada para enfrentar o desafio da idade; pela solidão, e se não ficaram, estão próximos a se tornar viúvos e, eventualmente, a morar sozinhos; pela incompreensão da família, já que genros e noras, na maioria das vezes, não toleram uma invasão em suas vidas. O próprio envelhecimento afasta o idoso de tarefas ditas complexas até pelo medo de errar. Muitos pacientes e amigos idosos não dirigem à noite, pois acreditam que têm menos reflexos. Outros se mostram impossibilitados de dirigir por algumas doenças, como labirintite, problemas cardíacos, pressão alta.

Existe algum exercício, seja mentalização ou alguma dica, que você pode ensinar ao idoso ansioso, com insônia e que busca se acalmar de alguma forma?
Eu estimulo meus pacientes a "se amar" e demonstrar isso a eles mesmos. Por exemplo, acordar de manhã, olhar-se em frente ao espelho e sorrir! Acreditar que o dia vai ser bom e generoso, fazer alguma coisa boa, cumprimentar as pessoas sorrindo ou abraçando, ou até beijando. Fazer coisas novas e diferentes, como ir ao cinema, teatro, fazer caminhadas. Reunir pessoas com as mesmas afinidades ou simplesmente criar um grupo de uma afinidade. Outra atitude muito importante é fazer com que o idoso se engaje em algum trabalho voluntário em instituições beneficentes.

Entrevista

Luciana Marques de Souza Ferraz, 52 anos
cientista social, coordenadora nacional
da ONG Brahma Kumaris

O que leva as pessoas a sentirem tanto medo ultimamente (medo da vida, da violência, dos riscos das atividades cotidianas)?
O medo é conseqüência do desconhecimento de nossa natureza espiritual. Com a identificação com o corpo, criamos uma dependência da consciência corpórea. Tudo o que acontece ao nosso corpo e à extensão dele (pessoas, posses, papéis) nos afeta e nos desequilibra. Como o mundo físico do corpo e da matéria é instável e em constante mudança e imprevisibilidade, nos colocamos numa atitude de alerta, insegurança e medo, por desconhecermos o que acontecerá. Também não temos garantia de que o que virá será sempre bom, porque nem sempre semeamos bons pensamentos, palavras e ações, e tememos colher nossos próprios frutos indesejados.

Qual a sua opinião sobre pessoas que sentem medo de dirigir?
O trânsito é um grande desafio, pois envolve uma série de variáveis: concentração, habilidade, agilidade e rapidez de raciocínio, capacidade de intuição, sensatez, motivação, conhecimento do espaço, situações inesperadas como um pneu furado, o outro motorista, os pedestres, enfim... É fácil entender que quem tem insegurança pode sucumbir a tal desafio. Por isso, o suporte emocional da auto-estima é fundamental.

Qual a sua visão sobre o medo? É importante na vida ou é algo que deve ser superado para que se possa evoluir?

Acredito que ter uma atitude de sensatez e atenção diante do perigo, de prevenção face às instabilidades e violências do mundo, de cuidado com a saúde, proteção, evitar o que pode ter conseqüências prejudiciais é algo correto e positivo, e, nesse caso, eu não chamaria de medo. O medo é sempre negativo, vem da ignorância de nossa natureza espiritual, e nos retira do momento presente fazendo viver na ansiedade do futuro que ainda não existe e que é criado pelo nosso presente.

Quais as alternativas para que se possa vencer um medo?

Algumas alternativas: desenvolver a consciência de que somos almas, e, por isso, eternos; usufruir de tudo e não se apegar a nada; meditar para conectar-se a Deus e receber poder e força; desempenhar ações puras e elevadas para não ter de se arrepender; manter uma meta e desenvolver as qualidades para poder alcançá-la.

Você pode citar alguma experiência de medo que se possa vencer com meditação?

Posso citar uma experiência minha. Eu era extremamente medrosa e tímida quando criança. Não dormia no escuro e nem sozinha, dentre tantos outros medos. Aos 18 anos, comecei a praticar hatha yoga e a me interessar pela espiritualidade. Aos 23, comecei a praticar meditação raja yoga. O medo foi desaparecendo e hoje sou capaz de ficar sozinha, no meio do mato, no escuro, apenas com minha luz e com a luz divina.

Capítulo 4

A YOGA E A SUPERAÇÃO DO MEDO DE DIRIGIR

A importância de relaxar

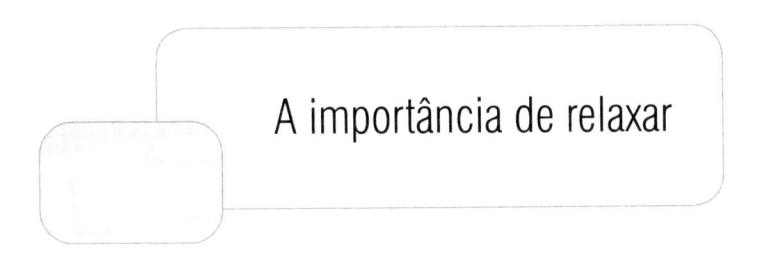

Geralmente, as pessoas possuem uma vida corrida, com muitos compromissos, e acabam tensionando a musculatura sem se dar conta. Então, surgem as dores e a sensação de desconforto físico e mental. A postura física inadequada ao sentar, ao andar, ao deitar, etc., contribui para o aumento das dores. A vida automática faz com que as pessoas não tomem consciência de como está o corpo e a mente. Às vezes, abandonam-se de tal maneira que até se esquecem de si. Simplesmente respiram, mas não observam como respiram. Sentam-se no sofá, mas não observam como se sentam.

Desde 1992, venho desenvolvendo um trabalho específico para empresas em São Paulo, que leva o nome de *Treinamento Anti-estresse* ou *Relaxamento para Combate ao Estresse*. Consiste em exercícios físicos suaves e alongamento para promover a consciência corporal, para correção postural e problemas de coluna, em respirações para acalmar o sistema nervoso e melhorar a oxigenação no cérebro, em relaxamento para equilíbrio físico-mental, para descanso geral, com orientações para a continuidade da prática em casa.

Em uma empresa, trabalhei com dois grupos de funcionários. Um grupo apresentava síndrome de pânico, depressão e doenças psicossomáticas. O outro grupo apresentava desânimo para trabalhar e dores de cabeça constantes. Os dois grupos eram responsáveis pela queda de produtividade dentro da empresa. Essa queda era caracterizada também por freqüentes desentendimentos entre os funcionários, competitividade e falta de entrosamento, e, como conseqüência, uma baixa concentração na rotina de trabalho.

Cem funcionários freqüentaram o meu curso uma vez por semana, uma hora por aula, durante seis meses. O curso foi dado após o expediente de trabalho, em uma sala ampla, com vários colchonetes e música. Depois de seis meses, os funcionários que passaram pelo curso já tinham disposição física e mental para o trabalho, a ansiedade diminuiu, e eles estavam se relacionando melhor com os outros e com eles mesmos. Um fator relevante foi a questão da qualidade de vida.

A partir dessa vivência, eles perceberam o quanto é importante cuidar do corpo e da mente. Certamente, levaram essa vivência para a vida como algo bastante positivo. Observei nessas pessoas um resgate do prazer de viver, de se cuidar, de olhar para si com carinho e atenção.

No ano passado, resolvi ampliar esse trabalho para hotéis. Planejei aulas de yoga e palestras sobre qualidade de vida em hotéis, inicialmente, em São Paulo (litoral e interior) e, posteriormente, em outros Estados do Brasil. Houve uma boa aceitação dos hóspedes, e eu pude refletir sobre a necessidade da vivência de uma atividade tranqüila que propicia equilíbrio, bem-estar ou algum tipo de emoção.

O silêncio das minhas aulas nesses hotéis têm aflorado várias emoções nas pessoas. Elas viajam e se hospedam no hotel. Elas encontram no hotel a possibilidade de encontro consigo mesmas. Descobrem aspectos profundos de si. Descobrem a alegria de viver, ou melhor, uma porta se abre na vida delas. Da escuridão nasce a luz, e isso ocorre porque elas estão abertas e disponíveis para alguma mudança. Descobri que elas querem algo simples: olhar a folhagem, as estrelas no céu à noite, respirar e ficar em silêncio. A contemplação traz felicidade.

Calma e tranqüilidade

Disse Lacroix que "Na sociedade contemporânea, a contemplação (recolhimento) acaba sendo substituída pela emoção-choque: movimento, explosão, grito, ação. Não se pode parar um minuto. Não se pode silenciar. Em *Devaneios de um caminhante solitário*, Rousseau descreveu o delicioso prazer que lhe trazia um doce devaneio à beira de águas calmas. Esse sentimento apaziguado da existência parece muito distante de nossos costumes. Seremos ainda capazes de vibrar com coisas simples e naturais?"

O contato com a natureza, que é algo tão precioso na vida do ser humano, está se tornando uma prática incomum. A falta de contato com a natureza leva o indivíduo ao estresse e a muitas doenças. Caminhar por entre as árvores em uma trilha, sentar em uma pedra e ouvir uma cachoeira, observar o pôr-do-sol, etc. são práticas que renovam o ser humano porque geram um desligamento da vida sedentária. É preciso praticar a troca do barulho das pessoas e dos carros pelo silêncio e contato com os sons da natureza. Prestar atenção ao que se revela de uma outra forma; prestar atenção ao silêncio.

Quem não presta a atenção ao silêncio está longe de si mesmo. O silêncio é um momento de reflexão particular para reformulação de idéias, para renovação de energias junto à natureza, e para contato com uma vida rica e afetiva. O silêncio é puro, delicado, elevado, etéreo e poético. O estado da quietude é um estado em que se está admirando as coisas do mundo e as pessoas de uma forma especial e encantadora. A qualidade de vida de que tanto se fala e que tanto se busca está ligada aos momentos de silêncio e introspecção. O silêncio é belo, profundo, amoroso, mas, acima de tudo, misterioso.

A beleza do amor nasce como objeto de admiração, maravilhamento e decifração progressiva. Quais os mistérios das coisas do mundo, das pessoas e de mim mesmo? Queremos desvendar os mistérios, por isso a vida tem algum sentido. O que a pessoa está transmitindo a outra por meio do silêncio de um olhar? Um olhar que acende a luz do sol e dá a sensação de nascimento brilhante. É o brilho de algo poético que não se apaga.

Na faculdade de Filosofia, tive uma matéria chamada Estética, e estávamos estudando Cinema; então me interessei por pesquisar a respeito do sentido do olhar, principalmente o olhar na sociedade contemporânea: a cidade é imensa, as pessoas mal se conhecem, mas se tocam pelos olhares. O olhar passa a ser uma forma de conhecer o outro, mas já contém um elemento inevitável: a solidão. O olhar iluminado é apenas um momento, um instante e só. Os encontros surgem inesperadamente e crescem expectativas. Terá outro encontro? Tudo ganha um sentido dúbio, instável, incerto, inseguro. Então aflora a solidão humana, que possui um duplo significado: consciência de si e desejo de sair de si.

As pessoas pedem que o encontro de amor seja desejo e comunhão, e alguns instantes de plenitude e eternidade. Os envolvidos no amor saem de si e experimentam outro estado. Transportar-se ao outro abre a vida para muitas possibilidades, porque é como se estivéssemos indo até outro mundo, pisando no desconhecido. É o encontro do sonho. O sonho é um alimento como uma magia dos encontros iluminados. A disponibilidade de estar desarmado para o encontro torna a vida bela e singular.

Lembro-me de uma senhora que fez uma aula comigo no hotel. Depois da aula, ela chorou muito de emoção por haver me encontrado. Disse que precisava desse encontro naquele momento de sua vida. A partir disso, passou a enxergar a vida de outra maneira. Naquele encontro, ela se transformou. Ela queria ficar ao meu lado, mas era uma experiência que tinha um tempo determinado e precisava ser abandonada. A separação faz parte da vida.

O preenchimento interno do encontro fica no coração para sempre. O tempo passa, mas aquele momento que ela viveu ficou e ficará dentro dela. Quando a pessoa se entrega a um momento profundo como esse, vai embora diferente. Isso é criatividade sem medo. Ela conseguiu se abrir a um momento especial, e suas potencialidades criativas surgiram num misto de alegria e pranto.

Lembro-me de outra mulher que, no exercício de relaxamento, enxergou o sol brilhante tomando conta de todo o seu ser. Descreveu uma sensação interessante, como se ela fosse o próprio sol. Esse momento representou em sua vida o renascer, o despertar. Um despertar, segundo ela, com dor, a dor de enfrentar o mundo, e com alívio, o alívio de renascer e conseguir sair da escuridão.

Se prestarmos atenção à vida, verificamos que ela é um conjunto de histórias marcantes. Essas histórias contêm uma linguagem silenciosa e indefinida. Todas as tentativas de definir as histórias com as palavras são insuficientes. As palavras não podem traduzir os desejos mais sublimes. Não há definição para o estado de contemplação, para o mistério, para o diferente e não-habitual. A sensibilidade de um olhar, de um gesto, de um momento muito simples e ingênuo instaura algo novo e indefinido.

Definir, fechar, encerrar com conceitos prontos as questões e os momentos da vida são uma tendência conservadora, protetora, e a falta de criatividade pode levar a uma vida monótona. É importante notar quando uma abertura se faz importante na vida. Muitos casais pensam que necessitam de momentos diferentes para sair da rotina e do estresse do dia-a-dia. Pode ser que realmente faça bem a eles sair, viajar, passear, etc., mas a aventura maior ocorre não especificamente nos lugares, mas dentro de cada um. A subjetividade é mestra em nossas vidas. É a capacidade de cada um para perceber a graça de qualquer lugar. Se não existir essa capacidade, todos os lugares serão iguais. Essa capacidade interna se desenvolve, mas é preciso uma disponibilidade interna para que haja desenvolvimento. De novo a questão do medo aparece aqui.

A importância de sentir

Observo pessoas duras física e mentalmente. Vão sendo engolidas pela vida dura e já não conseguem sentir. Não conseguem mais sentir o próprio corpo, a mente, o toque de outra pessoa. Não conseguem mais perceber uma música agradável. O corpo fica dolorido, a mente reage por gestos mecânicos. Não existe mais choro e riso. A respiração é rápida e ansiosa. Se falarmos para a pessoa perceber a própria respiração, há uma dificuldade. A respiração traduz o emocional. Pela respiração das pessoas, percebemos como estão emocionalmente. Conforme a pessoa vai se acalmando e entrando numa sintonia mais profunda consigo mesma, a respiração fica mais lenta, suave, profunda, agradável, como se estivesse voando e sentindo a graça do viver.

Onde está a sua melhor respiração, o seu mais profundo desejo, a sua angústia, a sua paz e a sua alegria? Num lugar oculto que precisará ser descoberto com paciência, com persistência e energia. Segundo Krishnamurti, com a quietude vem o cessar do sofrimento e surge a liberdade. A mente deve estar vazia e limpa para brotar algo. Sozinho e em silêncio meditando, algo surgirá.

A maior parte das pessoas é incapaz de permanecer sozinha e em silêncio. Sempre arruma algo para fazer. A casa para limpar. As gavetas para arrumar. As compras para fazer. São as pessoas bem adaptadas à vida cotidiana. Mas será saudável nunca mudar esse estado de coisas? Ou será loucura? A loucura é não ter a capacidade de mudar. Quando a pessoa adoece, talvez comece a pensar em algo mais original para a sua própria vida. Afinal, a vida é curta, e seria importante vivê-la o mais intensamente possível, ou seja, ser feliz.

Conheci várias pessoas com a queixa de insatisfação profissional: "Meu trabalho é massacrante. Meu ambiente de trabalho é o pior possível. Mas preciso do dinheiro que estou ganhando lá". A pessoa não se pergunta o que está fazendo com a sua própria vida. A necessidade de sobrevivência objetiva existe, pois ninguém deseja passar fome, não ter um lugar em que morar e dormir, etc. No entanto, há outra necessidade em que pensar. É a necessidade subjetiva. A necessidade de ser feliz. A vida profissional não é algo acabado e fechado, assim como o ser humano não é acabado e fechado. Se a pessoa permitir-se ultrapassar, deixará o pensamento mais profundo e menos cotidiano. E essa é a questão fundamental. Pensar de uma forma mais aberta sobre a vida.

O sofrimento pode levar ao amadurecimento ou não. Existem pessoas que sofrem anos e anos num tormento, mas não pensam sobre isso; o sofrimento não as transforma. Para outras, a sensação do sofrimento eleva-as a uma condição de grandeza interior. Elas aprendem com o sofrimento e, como uma lição de vida, fortalecem-se interiormente. Tanto sofrimento faz com que elas reconheçam o valor de momentos simples, como sentar e respirar, calmamente, por alguns instantes.

Esse momento passa a ser necessário, especial, prazeroso. É um momento em que se está sozinho, mas não há solidão. É um momento ingênuo, em que não se pensa em nada definido, em que nada se deseja, nada se espera. É a presença livre por si só. É a sua presença solta no universo. As pessoas chamam esse momento de tranqüilidade. Talvez não tenha nenhum nome. Ele apenas é.

O que é yoga

A yoga é uma técnica indiana que une exercícios físicos suaves relativos às posturas, meditação, respiração e relaxamento. O objetivo dessa prática é o equilíbrio do corpo e da mente. O número de praticantes de yoga vem aumentando nas cidades grandes por causa da necessidade de combater o estresse e manter uma qualidade de vida saudável. É uma prática saudável para crianças, adolescentes, idosos, gestantes, etc. Ao alongar a musculatura sem prejudicá-la, o corpo se liberta das tensões e se descontrai. A permanência e a imobilidade nas posturas de yoga contribuem para acalmar a mente.

Eu dou aulas de yoga há mais de 20 anos, e percebo o quanto, de fato, essa prática ajuda as pessoas. Lembro-me de várias pessoas que já me procuraram; uma mulher de 45 anos, que dizia não conseguir ficar parada, mesmo que por pouco tempo, para relaxar; com quatro meses de relaxamento começou a melhorar. Um homem de 40 anos com síndrome do pânico e estresse vinha praticar yoga em seu horário de almoço, e, com alguns meses, ele encontrou a serenidade e foi uma experiência fundamental em sua vida. Uma jornalista veio me procurar porque tinha insônia; ela desconhecia as técnicas de respiração para acalmar o sistema nervoso e, ao conhecer essas técnicas, praticava a respiração todas as noites antes de dormir. Acalmou-se e não precisou mais tomar remédios. Uma senhora de 65 anos passou por uma cirurgia e contou-me que tudo ocorreu bem porque praticou yoga e conseguiu ficar emocionalmente tranqüila. Uma advogada recém-formada procurou-me para aprender yoga com a finalidade de acalmar-se para falar em público em palestras. Ela aprendeu e contou que as técnicas de respiração a salvaram em muitos momentos difíceis. Um senhor de 80 anos com doença de Alzheimer pôde ser ajudado com exercícios para manter certa qualidade de vida. A família também se conscientizou sobre a importância do alongamento, do relaxamento e de uma postura de vida voltada ao equilíbrio físico e mental.

Benefícios da yoga

A prática de yoga favorece a introspecção e, nesse estado de silêncio interior, a pessoa poderá despertar a sua intuição. A partir desse momento, poderá adquirir uma nova percepção da vida, mudar hábitos, passar a se valorizar e a se cuidar mais, física e mentalmente.

Poderá também olhar para si e para seus problemas com mais tranqüilidade. Foi o que observei com um homem de 40 anos que desabafou sobre sua dificuldade de dirigir. Vivia escondendo sua dificuldade dos colegas de trabalho e da família, dizendo que não tinha dinheiro para comprar um carro. Tinha medo do trânsito, e verificou também que tinha problemas de um sentimento de inferioridade forte. Com sessões de relaxamento, ele adquiriu tranqüilidade e passou a dirigir. Uma mulher de 45 anos procurou-me com medo de dirigir, e precisava se acalmar. Apenas conseguia dirigir em cidades do interior de São Paulo. Com algumas aulas de yoga, ela começou a sentir-se melhor. Aliviou a ansiedade, e hoje está tentando gradualmente enfrentar o trânsito.

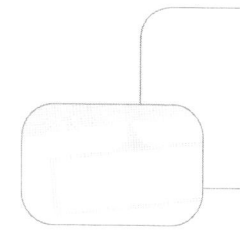

Práticas para auxiliar a vencer o medo

A seguir, algumas orientações para ajudar a aliviar os problemas relacionados ao medo de dirigir. Essas orientações valem para outros medos também.

1. Faça exercícios antes de dirigir, de preparação, de mentalização e de relaxamento. Prepare seu corpo e sua mente para enfrentar o desafio.
2. Ao dirigir, entre no carro com calma. Se estiver muito tenso dentro do carro, antes de ligá-lo, pratique a respiração: inspire e expire profundamente somente pelas narinas várias vezes, até perceber que está se acalmando. Concentre-se no carro e comece a dirigir.
3. Se estiver se sentindo mal, com insegurança, com a sensação de que se esqueceu do que deve fazer, pare em algum lugar, se puder. Comece novamente a praticar a respiração. Se não puder parar, tente ouvir uma música suave no carro ou cantar uma canção de que você goste. Se já pratica yoga há algum tempo e conhece o mantra OM, pratique-o enquanto está dirigindo ou enquanto o trânsito está lento. Os mantras são sons que acalmam a mente. A pronúncia do mantra OM ajuda a levar o indivíduo para uma sintonia mais tranqüila.
4. Ao chegar a sua casa, prepare-se para relaxar depois do seu desafio.

Exercícios de Preparação

- Em pé, inspire profundamente pelo nariz e expire rapidamente pela boca (a cada expiração, jogue seu corpo para baixo soltando o ar pela boca). Repita cinco vezes.
- Sente-se no chão sobre um colchonete ou em uma cadeira. Inspire e levante os braços. Expire e abaixe os braços. Respirações profundas somente pelas narinas. Repita cinco vezes.
- Sentado, faça movimentos com a cabeça: para baixo com a coluna ereta, depois com a cabeça para trás, e, em seguida, para um lado e para o outro. Descreva círculos com a cabeça. Movimentos lentos e suaves. Repita três vezes.
- Ainda sentado, gire os seus pés descrevendo círculos, depois movimente os pés para frente e para trás. Em seguida, mexa os dedos dos pés.
- Também na posição sentada, inspire pelas narinas, contando mentalmente até oito. Segure o ar, contando até três, e solte o ar pelas narinas, contando até dez. Repita sete vezes.
- Em pé, suba os ombros, como se quisesse encostá-los nas orelhas; permaneça com os ombros lá em cima, depois solte rapidamente os ombros. Repita quatro vezes.
- Sente-se confortavelmente, tome o ar pelas narinas, profundamente, depois solte-o pela boca, soprando aos poucos, fazendo um bico com a boca, e o ar vai sendo soprado lentamente. Repita sete vezes.
- Se você gosta de correr, caminhar, pedalar, nadar ou algum outro esporte, pratique-o antes de dirigir.

Exercícios de Mentalização

- Deite-se sobre um colchonete ou em sua cama. Pratique a respiração abdominal, inspire e perceba que o abdome enche, expande; expire e perceba que o abdome se fecha, murcha. Faça uma respiração calma e harmoniosa somente pelas narinas. Repita sete vezes ou mais. Essa respiração pode dar sonolência e você poderá adormecer. Pratique, de preferência, em local tranqüilo e isolado, com uma música suave ou sem.

- Experimente praticar a meditação. Sente-se confortavelmente com a coluna ereta. Feche os olhos e apenas observe o curso de seus pensamentos e sentimentos. Eles vêm e vão. Eles se movimentam na sua mente. Observe as imagens que se passam na sua mente. Abandone todos os pensamentos e experimente se concentrar na passagem do ar, bem dentro do nariz. Observe como o ar entra frio e sai quente. Concentre-se por alguns instantes na sua respiração.

- Agora pratique um desligamento mental. Desligue a sua mente dos ruídos externos. Desligue-se de todo o contato com o mundo exterior. Desligue-se das preocupações. Desligue-se da família. Desligue-se dos amigos. Desligue-se do seu trabalho. Deixe a mente vazia e tranqüila como se fosse um lago sereno e cheio de paz. Experimente a sensação de bem-estar. Nesse momento, imagine que você está inspirando a paz e expirando as tensões. Está se renovando para amanhã começar um novo dia. O amanhã trará novas forças e novas oportunidades.

- A sua mente está quieta e seu coração tranqüilo. Mentalize: a paz está aqui. A ansiedade já não é tão grande como parecia, e a harmonia está tomando conta do meu ser. Mentalize também: sou uma luz infinita com capacidade de transcender o mundo externo e espalhar paz ao meu corpo e à minha mente. Imagine um imenso oceano azul, você está olhando as ondas, a paisagem e isso vai lhe acalmando. Desligue-se da paisagem e agora sinta a sua respiração naturalmente leve, como se você estivesse voando. Uma respiração sem esforço físico e mental. Respire e sinta-se leve, bem leve.

- Agora abra os olhos lentamente e focalize sua atenção na chama de uma vela acesa. Fixe seu olhar na chama da vela e deixe a sua tela mental envolvida apenas pela chama, por três minutos. Feche os olhos e continue imaginando a chama da vela por três minutos. Desligue-se da chama da vela e passe para outra etapa.

- Concentre-se na pergunta Quem sou eu? Tente respondê-la mentalmente sem pensar muito, de uma forma simples. Em seguida, responda: O que estou querendo? E depois: Posso mudar algo em mim? Complete a frase mentalmente: Sigo a meta de..., estabelecendo um objetivo para a sua vida. Faça três respirações profundas e abra os olhos lentamente.

Exercícios de Relaxamento

- Deite-se num colchonete no chão ou na sua cama. Deixe os pés afastados e soltos lateralmente, as palmas das mãos voltadas para fora ou para os lados, os dedos encurvados naturalmente, os olhos fechados durante todo o relaxamento. Observe se realmente todo o seu corpo está acomodado e descontraído. Observe as regiões mais tensas do seu corpo, aquelas que têm uma tendência à contração e tensão. Relaxe mais, principalmente, essas regiões doloridas e tensas.
- Faça uma viagem pelo seu corpo, percebendo cada região que se solta. Comece pelos pés. Você está sentindo que os seus pés relaxam. Relaxe as pernas. Solte os braços e as mãos. Solte a musculatura abdominal e os músculos do peito. Solte a coluna vertebral, relaxando vértebra por vértebra. Descontraia os ombros, o pescoço e a região da nuca. Relaxe a cabeça e o couro cabeludo. Sinta uma sensação de leveza no interior da cabeça. Perceba o rosto que relaxa. Relaxe o centro da testa. Agora relaxe toda a testa, sentindo-a lisa e despreocupada. Solte as sobrancelhas, solte as pálpebras. Deixe os olhos tranqüilamente fechados. Relaxe o nariz. Solte as bochechas. Deixe os lábios entreabertos, solte a língua e relaxe os dentes. Relaxe o queixo. Mantenha o rosto bem tranqüilo.
- Todo o corpo descansa e você sente um alívio das tensões físicas e emocionais. A mente tranqüila descansa.

Sempre que algum pensamento vier à sua mente, volte a sua atenção para o movimento tranqüilo da respiração. Uma respiração tranqüila tranqüiliza a mente. Faça um silêncio interior. Permaneça relaxando por cinco minutos no primeiro dia. Depois vá aumentando o tempo de permanência no relaxamento.

Referências Bibliográficas

ABERASTURY, A. *Abordagens à psicanálise de crianças*. Porto Alegre: Artes Médicas, 1996.

ADORNO, T. W.; HORKHEIMER, Max. *Dialética do esclarecimento*. Tradução de Guido Antonio de Almeida. Rio de Janeiro: Zahar, 1985.

ANDRADE, José Hermógenes de. *Autoperfeição com hatha yoga*. 28. ed. Rio de Janeiro: Ed. Record, 1990.

BEAINI, T. C. *À escuta do silêncio*. São Paulo: Ed. Cortez, 1986.

BEAUVOIR, S. *O Segundo Sexo*. São Paulo: Difusão Européia do Livro, 1955.

BENJAMIN, W. *Documentos de cultura, Documentos de Barbárie*. (Escritos Escolhidos). [Seleção e apresentação Willi Bolle]. São Paulo: Cultrix; Ed. da Universidade de São Paulo, 1986.

BETTELHEIM, B. *A psicanálise dos contos de fadas*. São Paulo: Ed. Paz e Terra, 1980.

_____. Medo de abandono é uma das maiores causas de ansiedade, *Folha de S. Paulo*, 25 jun. 1988, Ilustrada, p. D4.

BORNHEIM, A. G. *Os Filósofos Pré-Socráticos*. São Paulo: Cultrix, 1989.

CAMPBELL, J. *O Poder do Mito*. São Paulo: Palas Athena, 1990.

CAMPOS, C. P. *Psicologia hospitalar*. São Paulo: EPU, 1995.

CAPRA, F. *O Tao da Física*. São Paulo: Ed. Cultrix, 2000.

CHAUÍ, M. *Primeira filosofia*. São Paulo: Ed. Brasiliense, 1984.

CHÂTELET, F. *História da Filosofia*. Rio de Janeiro: Jorge Zahar, 1974, v. 5.

COTRIM, G. *Fundamentos de Filosofia*. São Paulo: Saraiva, 1997.

DANUCALOV, Marcelo A.D. e SIMÕES, Roberto S. *Neurofisiologia da Meditação*. São Paulo:Phorte Editora, 2006.

DESCARTES, R. *Discurso sobre o método*. São Paulo: Hemus, 1978.

DOLTO, F. *Psicanálise e pediatria*. Rio de Janeiro: Zahar, 1980.

FARJANI, A. C. *Édipo Claudicante*. São Paulo: Edicon, 1987.

FLUSSER, V. *Pós-História*. São Paulo: Livraria Duas Cidades, 1983.

FOUCAULT, M. *História da loucura na Idade Clássica*. São Paulo: Ed. Perspectiva, 1972.

FREUD, S. *Cinco lições de psicanálise; A historia do movimento psicanalítico; O futuro de uma ilusão; O mal-estar na civilização; Esboço de psicanálise*. Coleção Os Pensadores. São Paulo: Abril, 1978.

GAY, P. *Freud: uma vida para o nosso tempo*. São Paulo: Companhia das Letras, 1990.

GIACOIA Jr., O. A. A genealogia dos preconceitos. *Folha de S.Paulo*, Caderno mais, p. 14, 6 ago. 2000.

GLEISER, M. *A dança do universo*. São Paulo: Companhia das Letras, 2000.

GRATCH, A. *Se os homens falassem*. São Paulo: Ed. Campus, 2001.

HAMACHARACA, Y. *A ciência hindu yogue da respiração*. Coleção Yogue. São Paulo: Ed. Pensamento, 2001.

HEIDEGGER, M. *Conferências e escritos filosóficos*. Coleção Os Pensadores. São Paulo: Abril, 1984.

HERRIGEL, Eugen. *A arte cavalheiresca do arqueiro zen*. São Paulo: Ed. Pensamento, 2001.

JOLIVET, R. *Sartre ou a teologia do absurdo*. São Paulo: Herder, 1968.

KLEIN, M. *Psicanálise da criança*. São Paulo: Mestre Jou, 1969.

KRISHNAMURTI J. *O Descobrimento do Amor*. São Paulo: Cultrix, 1965.

LACROIX, M. *O Culto da Emoção*. Rio de Janeiro: José Olympio, 2006.

LAPLANCHE, J.; Pontalis, J. B. *Vocabulário de psicanálise*. São Paulo: Martins Fontes, 1998.

LEÃO, E. C. A mistificação negativa. *Folha de S.Paulo*, folhetim n. 571, p. B8, 15 jan. 1988.

LAWTHER, John D. *Psicologia desportiva*. Rio de Janeiro: Ed. Acadêmica brasileira, 1995.

LOPARIC, Z. Heidegger e a questão da culpa moral. *Folha de S.Paulo*, São Paulo, folhetim n. 636, p. 95, 25 mar. 1989.

MANNONI, M. *A criança, sua doença e os outros*. Rio de Janeiro: Zahar, 1971.

MARCUSE, H. *Eros e Civilização*. Rio de Janeiro: Jorge Zahar, 1981.

MARQUES, E. *Apostila de psicopatologia*. São Paulo, 1977.

MERQUIOR, J. G. Muito além do nazismo, *Folha de S.Paulo*, folhetim n. 630, p. 96, 11 fev. 1989.

MAY, R. *Psicologia existencial*. Porto Alegre: Ed. Globo, 1976.

MEZAN, R. Cada disciplina com seu objetivo. *Folha de S.Paulo*, p. 6, 21 nov. 1993.

_____. *Freud: a trama dos conceitos*. São Paulo: Perspectiva, 1982.

_____. Perspectiva lança livro sobre M. Klein. *Folha de S.Paulo*, p. 35, 25 nov. 1987.

NAZÁRIO, L. Auto-de-Fé, *Folha de S. Paulo*, 15 maio 1987, folhetim, n. 536, p. B9.

NIETZSCHE, F. *Obras incompletas*. Coleção Os Pensadores. São Paulo: Abril, 1983.

PAZ, O. *O labirinto de solidão*. São Paulo: Ed. Paz e Terra, 1976.

PEIXOTO, B. N. *Cenários em Ruínas*. São Paulo: Brasiliense, 1987.

PINKOLA, C. E. *Mulheres que correm com os lobos: mitos e histórias do arquétipo da mulher selvagem*. Rio de Janeiro: Ed. Rocco, 1994.

PLATÃO. *Apologia de Sócrates*. Coleção Os Pensadores. São Paulo: Abril, 1983.

_____. *A República*. Tradução de Maria Helena R. Pereira. 5. ed. Lisboa: Fundação Calouste Gulbenkian, 1987.

RILKE, R. M. *Cartas a um jovem poeta*. Tradução de Paulo Ronai. 13. ed. São Paulo: Ed. Globo, 1985.

SACKS, O. *Um antropólogo em Marte*. São Paulo: Ed. Companhia das Letras, 1995.SEGAL, H. *Introdução à obra de Melanie Klein*. Rio de Janeiro: Ed. Imago, 1975.

SISSA, G.; DETIENNE, M. *Os deuses gregos*. São Paulo: Ed. Martins Fontes, 1991.

SUBIRATS, E. Tempos Pós Modernos – A Filosofia e a Cultura Contemporânea, *Folha de S. Paulo*, abril 1986, folhetim, n. 479, p. 8.

TÁPIA, L. E. R. *Uma descrição fenomenológica da experiência de crise existencial ou angústia*. Tese (Doutorado em Psicologia (Psicologia Clínica)) – Pontifícia Universidade Católica de São Paulo. 1984.

THURMAN, R. *A revolução interior: vida, liberdade, e a busca da verdadeira felicidade*. Tradução de Ana Cristina Lopes. Rio de Janeiro: Livros Técnicos e Científicos Ed., 1982.

YALOM, Irvin D. *Quando Nietzsche chorou*. Tradução de Ivo Korytowski. Rio de Janeiro: Ediouro, 2005.

YOUNG-EISENDRATH, P. *A mulher e o desejo*. Rio de Janeiro: Ed. Rocco, 2001.

WOLFF, F. *Sócrates*, São Paulo: Brasiliense, 1987.

Visite Nossa Loja Virtual
www.alaude.com.br